DEMOCRATIZANDO A LEITURA

PESQUISAS E PRÁTICAS

ORGANIZADORAS

Aparecida Paiva
Aracy Martins
Graça Paulino
Zélia Versiani

DEMOCRATIZANDO A LEITURA

PESQUISAS E PRÁTICAS

1ª edição
1ª reimpressão

Ceale* Centro de alfabetização, leitura e escrita
FaE / UFMG

autêntica

Copyright © 2004 by Centro de Alfabetização, Leitura e Escrita (Ceale)

Projeto gráfico da capa
Marco Severo

Conselho Editorial da Coleção Linguagem & Educação:
Antônio Augusto Gomes Batista (coord.), Artur Gomes de Morais, Jean Hébrard, Luiz Percival Leme Brito, Magda Soares, Márcia Abreu, Vera Masagão Ribeiro

Conselho Editorial da Série Literatura & Educação:
Aparecida Paiva, Graça Paulino, Magda Soares, Regina Zilberman, Anne Marie-Chartier

Revisão:
Rosa Drummond

S237d Santos, Maria Aparecida Paiva Soares dos.
       Democratizando a leitura : pesquisas e práticas / Aparecida Paiva ... [et al.] (org.). – 1. reimp. – Belo Horizonte : Ceale ; Autêntica, 2008.

       236 p. – (Coleção Literatura e Educação; 5)

       ISBN 978-85-7526-145-3 (broch.)

       1. Leitura - pesquisa 2. Leitura – estudo e ensino. 3. Leitores e leitura. 4. Literatura – estudo e ensino. 5. Letramento. I. Título. II. Coleção.

CDD – 807

Catalogação da Fonte: Biblioteca da FaE/UFMG

2008

Direitos reservados a
Autêntica Editora
R. Aimorés, 981, 8º andar – Funcionários
CEP: 30140-071 – Belo Horizonte - MG – Brasil
PABX: (55 31) 3222 6819 – Televendas: 0800 2831322
www.autenticaeditora.com.br
autentica@autenticaeditora.com.br

Foi feito o depósito legal.

Proibida a reprodução desta obra
sem a prévia autorização Editora.

Sumário

APRESENTAÇÃO

**UM JOGO QUE VALE A PENA:
DEMOCRATIZAR A LEITURA LITERÁRIA** 9
Aracy Martins
Zélia Versiani

LEITURA E DEMOCRACIA CULTURAL 17
Magda Soares

SOCIALIZANDO PESQUISAS

**O JOGO DA PESQUISA:
LEITURA E ESCRITA LITERÁRIA E
INTERVENÇÃO SOCIAL – A CONTRIBUIÇÃO
DA ESTÉTICA DA RECEPÇÃO** 35
Maria da Glória Bordini

**GRUPO DE PESQUISA DO LETRAMENTO
LITERÁRIO: UMA
TRAJETÓRIA EM CONSTRUÇÃO** 43
Aparecida Paiva

LETRAMENTO LITERÁRIO NO CONTEXTO DA BIBLIOTECA ESCOLAR 55
Graça Paulino

O JOGO DA LEITURA EM PESQUISA: CAMINHOS PSICOLINGÜÍSTICOS 67
Vera Wannmacher Pereira

LEITURA PARA ALÉM DA ESCOLA: REPRESENTAÇÕES DA LEITURA NA LITERATURA JUVENIL CONTEMPORÂNEA 81
João Luís C. T. Ceccantini

PESQUISA COM LITERATURA DE CORDEL 97
Hélder Pinheiro

REFLEXÕES SOBRE PRÁTICAS DE LETRAMENTO LITERÁRIO DE JOVENS: O QUE É *PERMITIDO* AO JOVEM LER? 111
Marta Passos Pinheiro

RELAÇÕES ENTRE O LETRAMENTO LITERÁRIO E A FORMAÇÃO DO ESCRITOR EM *A MENINA DO SOBRADO*, DE CYRO DOS ANJOS 121
Hércules Tolêdo Corrêa
Georgia Roberta de Oliveira Ribeiro

SOCIALIZANDO PRÁTICAS DE LEITURA

BEAGALÊ: A LEITURA EM QUATRO AÇÕES CONVERGENTES 137
Marlene Edite Pereira de Rezende

DEMOCRATIZANDO A LEITURA ESTÉTICA: CINEMA E EDUCAÇÃO 149
Carmem Lúcia Eiterer

CENTRO DE LITERATURA INTERATIVA DA COMUNIDADE – CLIC: UMA EXPERIÊNCIA DE DEMOCRATIZAÇÃO DA LEITURA NA PERIFERIA DE PORTO ALEGRE/RS 157

Cristine Lima Zancani
Diógenes Buenos Aires de Carvalho
Vera Teixeira de Aguiar

LEITURA COMPARTILHADA: UM MOMENTO DE PRAZER NA FORMAÇÃO DE PROFESSORES-LEITORES 167

Glória Maria Anselmo de Souza
Leda Marina Santos da Silva

LEITURAS E LEITURAS NA EDUCAÇÃO DE JOVENS E ADULTOS 177

Vania Laneuville Teixeira

SOCIALIZANDO LEITURAS DA LITERATURA

LEITURA LITERÁRIA EM TEMPOS DE CRISE 189

Ivete Lara Camargos Walty

RELEMBRANDO ALGUMAS PREMISSAS FUNDAMENTAIS 199

Cyana Leahy

A LINGUAGEM LITERÁRIA: SUA ESPECIFICIDADE E SEU PAPEL 207

Patrícia da Silva Pacheco

SINTOMAS E SINTONIAS DA POÉTICA DA SIMULTANEIDADE: UMA INTRODUÇÃO 219

Rubens Vaz Cavalcanti

AUTORES 232

Apresentação

UM JOGO QUE VALE A PENA: DEMOCRATIZAR A LEITURA LITERÁRIA

**Aracy Martins
Zélia Versiani**

> [...] a leitura, particularmente a leitura literária, além de dever ser *democratizada*, é também *democratizante* [...] em grande parte, somos o que lemos, e [...] não apenas lemos os livros, mas também somos lidos por eles.
>
> Magda Soares

Há vinte anos, Soares já denunciava os "mecanismos de sonegação cultural", ao afirmar que "ao povo permite-se que aprenda a ler, não se lhe permite que se torne leitor"[1], juntando-se a vozes que nacional e internacionalmente se punham em defesa das condições sociais de acesso aos materiais escritos. Nessa mesma trilha, embora questionando o grafocentrismo exacerbado de comunidades letradas, vem focalizando em seus estudos, como "um direito humano absoluto", uma importante categoria na área da Sociologia da Leitura: as condições de "letramento", ou seja, o "grau em que esse direito está distribuído entre a população e foi efetivamente alcançado por ela", considerando que letramento é o que as pessoas fazem com as habilidades de

---

[1] Cf. SOARES, Magda. As condições sociais da leitura: uma reflexão em contraponto. In.: ZILBERMAN, Regina & SILVA, Ezequiel Theodoro da. (Orgs.). *Leitura:* perspectivas interdisciplinares. São Paulo: Ática, 1988, p. 25.

leitura e escrita, a partir de suas necessidades, valores e práticas sociais[2].

Neste livro, a autora não somente continua postulando a necessidade político-ideológica de a leitura ser democratizada, mas atribui às práticas de leitura vida e função: a de ser por si mesmas "democratizantes", numa relação interlocutivo-discursiva entre leitores e livros e, certamente leitores entre si, a partir do momento em que a leitura passa a ganhar sentidos específicos para os leitores, em seu contexto sócio-histórico-cultural, nas interações que estabelecem, no seu cotidiano, em instâncias privadas e públicas.

Na verdade, nesta obra, se essa autora instaura essa situação dialógica, outros autores, de diferentes instituições do Brasil, trazem ora experiências concretas diversas, ora reflexões teóricas multifacetadas, para dar vida e função às mais variadas práticas de leitura, junto ao que vem realizando o GPELL – Grupo de Pesquisa do Letramento Literário –, do CEALE – Centro de Alfabetização, Leitura e Escrita, da Faculdade de Educação da UFMG.

Foi comungando esses objetivos, procurando religar teoria e prática, que profissionais de todo o Brasil, da área da produção, da mediação e da circulação do livro para crianças, jovens e adultos, se congregaram, em conferências, painéis, comunicações, oficinas, no ano de 2003, para realizarem o evento *A democratização da Leitura: O Jogo do Livro V*, em que foram discutidas práticas sociais de leitura e, dentro delas, a escolarização da leitura literária.

O tema escolhido – a democratização da leitura – não poderia ser mais oportuno. A ampliação das matrículas escolares e as próprias facilidades técnicas de produção do livro e do material de leitura em geral têm facilitado a publicação de novos títulos e o surgimento de novos escritores. Ao lado

---

[2] Cf. SOARES, Magda *Letramento:* um tema em três gêneros. Belo Horizonte: Autêntica, 1998, p. 72 e 120.

disso, várias ações governamentais e não-governamentais têm sido implementadas nos últimos anos com o objetivo de promover a democratização da leitura. Novas áreas de pesquisa também têm contribuído para o avanço das ações, na esteira dos estudos sobre o livro e a leitura. Em conseqüência, tanto as bibliotecas escolares passam a merecer o olhar acadêmico e governamental, quanto as próprias práticas de leitura, produção e circulação dos livros passam a ser mais bem descritas e analisadas. É preciso, pois, debruçar-se sobre as informações já obtidas, para que os esforços de compreensão e de promoção da leitura não se percam em discursos vazios ou resultem em ações antidemocráticas.

Para o debate, foram convidados, ao lado dos pesquisadores do GPELL, outros grupos representativos de pesquisa sobre a leitura literária no País e os responsáveis pelas diversas instâncias de produção e aquisição do livro, além de professores e alunos que desejassem compartilhar suas experiências e práticas de democratização da leitura. É importante destacar que a socialização de pesquisas, feita através de grupos e não apenas de indivíduos, marca o amadurecimento tanto do GPELL quanto da pesquisa na área e mostra a necessidade de aprofundamento do diálogo acadêmico: em instâncias de discussão como a que o evento pretendeu proporcionar. Também merece atenção a participação dos principais responsáveis pela cadeia de produção e circulação dos livros, representados respectivamente pelos escritores, editores e governo, o que não é muito freqüente em eventos acadêmicos. A aproximação entre esses diferentes grupos, que contou ainda com a participação ativa de professores e estudantes, através das oficinas e das partilhas de experiências, mostrou-se, mais uma vez, uma oportunidade singular para o diálogo produtivo sobre a necessária democratização da leitura.

Além das instituições representadas neste livro, outras ofereceram como contribuição, no *Jogo do Livro V*, a discussão de suas práticas de leitura, através da participação, seja em mesas redondas, seja em oficinas, as quais relacionamos a seguir: Secretaria de Educação Infantil e Fundamental do MEC – SEIF/MEC; Fundação Nacional do Livro Infantil e Juvenil – FNLIJ; Universidade Federal de Pernambuco – UFPE; Pontifícia Universidade Católica do Rio de Janeiro – PUC RJ; Universidade Federal do Rio de Janeiro – UFRJ; Universidade Federal Fluminense – UFF; Universidade Estadual Paulista – UNESP; Universidade de Campinas – UNICAMP (Centro de Memória da Leitura / IEL); Fundação Universidade Federal de Rondônia – UNIR; Ação Educativa – SP; Secretaria Municipal de Educação de São Gonçalo – SEME/SG; Colégio Pedro II – RJ; bem como outras unidades da UFMG: Faculdade de Letras, Departamento de Comunicação da Faculdade de Filosofia e Ciências Humanas (Departamento de Comunicação), Centro Pedagógico (Grupo Mala de Leitura e "História da Arte"), Faculdade de Educação (Projeto Ações Afirmativas, Programa de Pós-graduação, Projeto Pró-Leitura/CEALE/SEE – MG).

Por fim, ressaltamos que a realização do *Jogo do Livro V* teve uma significação especial para o GPELL. Em 2003 o grupo concretizou o seu quinto seminário bianual, correspondendo a ele igual período de atividade de pesquisa ininterrupta. Considerando-se as condições de pesquisa no Brasil, a realização deste evento testemunha a possibilidade de levar adiante projetos de pesquisa e ações em torno da leitura literária, que promovam, de fato, desdobramentos na escola e na sociedade brasileira. O sentido da democratização da leitura não se limita, obviamente, às atividades de um grupo de pesquisa ou a um evento como esse, mas pode significar um dos esforços em direção à consolidação de suportes científicos e à abertura de espaços institucionais de discussão. Em *A democratização da Leitura: O Jogo do Livro V*, o GPELL pretendeu, mais uma vez, trazer conhecimentos e vozes para que o saber feito palavra se tornasse também ação.

Os textos selecionados para este livro recuperam o movimento de integração entre as diversas instâncias responsáveis pela democratização do livro e da leitura que caracterizou o encontro. Nesta seleção, buscou-se a representatividade de práticas e de projetos, no contexto de discussão pública propiciado pelo evento. A publicação dos textos em livro, além de dar visibilidade aos interesses e às perguntas que se colocam hoje sobre tema tão complexo, servirá de apoio à reflexão que, com certeza, levará a novas pesquisas.

O texto de abertura, "Leitura e democracia cultural", por sua abrangência, agrega as três dimensões a partir das quais o livro se organiza: *Pesquisas, Práticas de Leitura e Leituras da Literatura*, sempre no intuito de socializar essas diferentes experiências, que têm como leitor modelo públicos diferenciados em seus interesses e necessidades: no campo da investigação; no campo de reflexões sobre a prática; no campo das análises de projetos de leitura, de autores e de obras. Magda Soares propõe, inicialmente, a reflexão acerca das barreiras que não permitem, na sociedade brasileira, um acesso eqüitativo à leitura, desde as que concernem à aquisição da tecnologia da escrita a partir da qual se criariam condições de possibilidade de leitura, até aquelas que propiciariam o acesso ao livro como a existência de bibliotecas – públicas e escolares – ou de livrarias, fornecendo dados imprescindíveis à análise sobre o direito à leitura. Numa segunda etapa do texto, a autora desenvolve a discussão sobre a democratização do indivíduo pela leitura, elegendo como objeto de reflexão a leitura literária, tomada como condição para a democracia cultural.

Na primeira parte do livro, com o subtítulo *Socializando Pesquisas*, são apresentadas, em primeiro lugar, as trajetórias de grupos que vêm se dedicando, seja em pesquisas, seja em publicações, a estudar as relações entre literatura e escola, os processos de escolarização da literatura, o letramento literário e as estratégias de leitura. Em segundo lugar, apresentam-se projetos de pesquisas sobre a leitura literária, realizados em diferentes instituições.

Em *Trajetórias de grupos de pesquisa*, o grupo do Rio Grande do Sul – CELIN – Centro de Estudos e Desenvolvimento da Linguagem –, que vem atuando em pesquisas e publicações desde a década de setenta, registra duas leituras do seu percurso: uma faz uma digressão histórica, em "O Jogo da Pesquisa: Leitura e Escrita Literária e Intervenção Social"; a outra apresenta a trajetória psicolingüística que tem orientado suas pesquisas.

Os outros dois textos desta primeira parte também delineiam o percurso histórico e os interesses de pesquisa do GPELL, sendo que um historiciza os dez anos do Grupo de Pesquisa do Letramento Literário, integrante do CEALE – Centro de Alfabetização, Leitura e Escrita/FAE/UFMG, e o outro focaliza a sua mais recente pesquisa concluída: "Letramento Literário no contexto da Biblioteca Escolar".

Em *Projetos de Pesquisa*, quatro textos trazem ao leitor experiências de pesquisa realizadas por professores: a primeira, da Universidade Estadual Paulista, estuda narrativas nacionais contemporâneas que circulam sob a rubrica literatura juvenil, como, por exemplo, *Pobre corintiano careca*, de Ricardo Azevedo; *Por parte de pai*, de Bartolomeu Campos Queirós; *Cão vivo leão morto*, de Ary Quintela; *O mundo é pra ser voado*, de Vivina de Assis Viana, entre outras. A segunda, do Programa de Pós-graduação em Educação da UFMG, levanta reflexões sobre práticas de letramento literário de jovens, sobre o que é permitido ao jovem ler, discutindo tanto a instabilidade do conceito juvenil como o caráter propedêutico da leitura literária. A terceira experiência, da Universidade Federal de Campina Grande, trata da literatura de cordel, como manifestação da cultura popular e da literatura oral, e da sua entrada na sala de aula. A quarta, do Centro Universitário de Belo Horizonte, relaciona a formação do leitor com a formação do escritor, tomando como fonte a narrativa de *A menina do sobrado,* de Cyro dos Anjos.

Em *Socializando projetos e práticas de leitura*, segunda parte do livro, encontramos textos que relatam experiências bem-sucedidas de práticas e/ou projetos institucionais em curso.

Nessa perspectiva de socialização, agrupam-se, nesta ordem, as ações do Projeto Beagalê, coordenado pela Biblioteca Pública Infantil e Juvenil de Belo Horizonte, da Secretaria Municipal de Cultura, que vem fortalecendo de forma significativa as políticas de acesso ao livro no Município; a experiência de criação do Ciclo de Cinema, projeto do Promad – Laboratório de Material Didático da Faculdade de Educação da UFMG –, que tem como proposta trazer para o debate a importância da leitura do texto audiovisual na formação dos indivíduos; as variadas ações de democratização da leitura na periferia de Porto Alegre, realizadas pelo Centro de Literatura Interativa da Comunidade – CLIC, em prática desde 1997; o projeto da Fundação Municipal de Educação de Niterói voltado para a formação de leitores jovens e adultos, que aponta a necessidade de se pensar em metodologias que atendam, de fato, às especificidades desse segmento, considerando as suas diferenças socioculturais; a atividade denominada *Leitura Compartilhada*, incorporada às propostas do PROFA – projeto de formação de professores implementado pelo MEC – de Niterói, que desde 2001 tem ajudado a reorganizar o conhecimento sobre as práticas de leitura e escrita daquela comunidade; e, por fim, uma experiência de leitura da Fundação Municipal de Educação de Niterói, sobre os desafios da Educação de Jovens e Adultos.

Finalmente, na terceira e última parte do livro – *Socializando Leituras da Literatura* –, ganham destaque análises literárias ou reflexões acerca da leitura literária, a serem partilhadas com leitores-professores, para a formação de outros leitores. O primeiro texto apresenta uma reflexão sobre o exercício da leitura literária na sociedade atual, levando-se em consideração a questão dos gêneros textuais. O(s) lugar(es) do texto dado como literário é enfocado na sua relação com outros textos, no processo de exclusão e resistência político-social. A segunda reflexão trata da diferença fundamental entre a leitura e a educação literária, para além da predominância das regras, das características impostas, das respostas absolutas. A terceira reflexão discute a linguagem literária, sua especificidade e seu papel, numa abrangência polifônica e dialógica que caracteriza as relações intersubjetivas. O conceito de *Poética da simultaneidade* é tema desenvolvido no último texto. Tal temática propicia algumas entradas para a leitura da poesia na contemporaneidade, uma poesia marcada, segundo o autor, pela simultaneidade de suportes, de "traços de leitura", de "traços de escritura", de formas e conteúdos, e de discursos.

A ênfase que se procurou dar à organização desta publicação incide sobre a necessidade atual de se reforçar a importância da democratização e das formas de acesso aos livros. Nessa perspectiva, considerou-se a socialização de pesquisas e práticas sobre os letramentos que pudessem contribuir significativamente para a implementação de projetos e programas de mediação cultural, bem como a reflexão teórica acerca da leitura que as sustenta. Assim, o Jogo, agora sob a forma de livro, coloca em cena a produção, a recepção e a circulação de livros, dimensões que devem ser focalizadas em conjunto, quando se quer compreender o letramento literário de crianças, jovens e adultos, e quando se tem em vista a democratização da literatura, que lemos e que nos lê.

LEITURA E DEMOCRACIA CULTURAL

Magda Soares

O tema: sentidos e limites

Começo por analisar o tema que me foi proposto para esta exposição, buscando esclarecer o sentido que vou atribuir aos termos que o compõem.

Em primeiro lugar, é preciso **enfrentar** a palavra *democracia* – uso o verbo "enfrentar" porque *democracia* é palavra polissêmica, carregada de uma multiplicidade de sentidos e de um forte conteúdo ideológico; considerando que não cabe aqui discutir essa multiplicidade de sentidos e esse conteúdo ideológico, **enfrento** a palavra limitando-me a indicar o sentido que será a ela atribuído nesta exposição. *Indicar* é o que apenas faço, neste momento inicial – defino agora de forma bastante sucinta a palavra *democracia*, esperando que progressivamente esse sentido se aprofunde e se justifique, como decorrência da reflexão que aqui se vai fazer sobre as relações entre leitura e democracia. Feitas essas considerações, esclareço que, para fins desta exposição, atribuo à *democracia* o sentido de *distribuição eqüitativa de bens materiais e simbólicos*. Destaco a expressão "distribuição eqüitativa" para enfatizar o substantivo *distribuição*, que carrega o conceito de democracia como repartição, partilhamento de bens materiais e simbólicos, e enfatizar o adjetivo *eqüitativa*, que acrescenta a esse conceito o princípio de justiça, de não discriminação: democracia como uma repartição, um partilhamento justo, não discriminativo de bens materiais e simbólicos.

Mas o título qualifica *democracia* com o adjetivo *cultural*, o que nos leva a diferenciar uma *democracia **cultural*** de outras democracias, ou de democracia qualificada por outros adjetivos. Para ser coerente com o sentido que estou atribuindo à palavra *democracia*, esses outros adjetivos qualificariam diferentes distribuições eqüitativas de bens; assim, pode-se falar de uma democracia *política,* entendida como distribuição eqüitativa de poder entre todos os cidadãos, ou seja, de oportunidades, de direitos e de deveres na condução do governo; de uma democracia *econômica,* entendida como distribuição eqüitativa dos bens materiais; de uma democracia *social,* entendida como distribuição eqüitativa de oportunidades e direitos de inclusão e de participação na sociedade; finalmente, de uma democracia ***cultural***, entendida como distribuição eqüitativa de bens simbólicos, considerados estes como aqueles que são fundamentalmente *significações* e só secundariamente *mercadorias.*

O terceiro termo do título é outra palavra polissêmica, *leitura*. Ler é verbo transitivo direto, e a polissemia se revela na multiplicidade de complementos que a ele se pode dar: leitura de quê? de que portador de texto, entre tantos? de que tipo de texto, entre tantos: literário? jornalístico? científico? publicitário? e tantos outros. Aqui, delimito e recorto; nesta exposição, não me refiro à leitura de que fala Ottaviano de Fiore[1] quando caracteriza o que é uma "nação de leitores"; diz ele:

> Desde o operário que precisa ler manuais até o advogado que precisa decifrar os textos legais, passando pelo estudante nos exames, o cidadão que enfrenta as urnas, a dona de casa que enfrenta a educação da família, o executivo que enfrenta sua

---

[1] A formação do leitor: uma tarefa. In: PRADO, Jason e CONDINI, Paulo (Orgs). *A formação do leitor: pontos de vista.* Rio de Janeiro: Argus, 1999. p. 117-127.

papelada, todos os membros de uma sociedade civilizada são **obrigados** a **utilizar** várias formas de leitura e interpretação de livros, jornais, revistas, relatórios, documentos, textos, resumos, tabelas, computadores, cartas, cálculos e uma multidão de outras formas escritas (grifos meus).

Não me refiro aqui a essa leitura que as pessoas são **obrigadas** a **utilizar**; para fins desta exposição, elejo para complemento do verbo *ler* a literatura, e falarei da *leitura literária* que, por prudência, vou me eximir de definir, embora adiante, como se verá, não vá poder furtar-me a ver aflorar esta questão. Mas é necessário justificar esse recorte, e a justificativa é que as relações da leitura com democracia cultural têm especificidades e peculiaridades, em cada campo – literário, jornalístico, científico, legal, escolar ou didático, publicitário, etc. (não falo de gêneros, mas de *campos*, no sentido que Bourdieu atribui a *campo*), especificidades e peculiaridades que se definem sobretudo pelo objetivo da leitura: pragmático – ler para se instruir, ler para se informar, ou "gratuito" – ler por prazer, ler como lazer. Considerando que essas especificidades e peculiaridades impedem discutir diferentes campos de leitura, nos limites desta exposição, opto pela leitura literária, considerando-a, talvez de forma bastante ampla e um pouco simplista, a leitura que se faz por prazer, por opção, não por obrigação.

Determinado o sentido em que serão aqui tomados os termos que constituem o título desta exposição, é necessário agora considerar as relações entre eles: as relações entre *leitura*, entendida, repito, como leitura literária, e *democracia cultural*, entendida, também repito, como distribuição eqüitativa de bens simbólicos. Infere-se logo, como uma primeira relação entre os termos, que a leitura é aqui assumida como um bem simbólico; a distribuição eqüitativa desse bem simbólico, ou seja, as relações entre leitura, bem simbólico, e democracia cultural podem ser analisadas sob duas perspectivas.

Uma primeira perspectiva, assumida do ponto de vista da responsabilidade social, considera o acesso à leitura –

entendido este como a *possibilidade de* leitura e o *direito à* leitura – uma **condição** para uma plena democracia cultural, porque desta faz parte, ou desta *deve* fazer parte, uma distribuição eqüitativa das possibilidades de leitura e do direito à leitura.

Uma segunda perspectiva, assumida do ponto de vista da formação do indivíduo, vê a leitura como instrumento de **promoção** da democracia cultural – a leitura tem o poder de democratizar o ser humano, em suas relações com o cultural.

Discuto, em seguida, cada uma dessas perspectivas.

Leitura: condição para uma plena democracia cultural

Como foi anteriormente dito, uma democracia cultural plena supõe que todos os cidadãos tenham acesso à leitura, isto é, supõe uma distribuição eqüitativa das condições de possibilidade de leitura e do direito à leitura. Sob esta primeira perspectiva de análise das relações entre leitura e democracia cultural, discuto aqui três aspectos: em primeiro lugar, pretendo demonstrar que a distribuição eqüitativa das condições de possibilidade de leitura e do direito à leitura não ocorre na sociedade brasileira; em segundo lugar, busco causas por que assim é; finalmente, em terceiro lugar, arrisco uma modalização do princípio de que a leitura é condição para a democracia cultural, propondo limites para essa relação condicionante.

Não é difícil comprovar que, na sociedade brasileira, não há democracia cultural no que se refere à distribuição eqüitativa das condições de possibilidade de leitura e do direito à leitura: os dados e os fatos são numerosos, e bem conhecidos.

As barreiras a um acesso eqüitativo à leitura como bem simbólico se revelam já nas diferenças de qualidade das oportunidades para adquirir a tecnologia da escrita, condição mínima e imprescindível para que se criem condições de possibilidade de leitura: entre os pertencentes às camadas populares, um reiterado fracasso na alfabetização e no letramento tanto de crianças no processo de escolarização, quanto de jovens e adultos em programas de educação voltados para aqueles a quem foi negado o direito à escolarização. Em seguida, se vencida essa primeira barreira, outras muitas se interpõem como obstáculos às possibilidades de leitura e impedimentos ao direito à leitura. Cito algumas.

Este é um país de raras e precárias bibliotecas: raras e precárias **bibliotecas públicas**, raras e precárias **bibliotecas escolares**. Segundo dados do Instituto Brasileiro de Geografia e Estatística – IBGE[2], dos 5.506 municípios que havia no país em 1999, em quase um quarto (20%) não havia uma só biblioteca pública; em mais de dois terços de municípios (68,5%) havia apenas uma biblioteca pública; em um número insignificante de municípios havia mais de uma biblioteca pública (11%). Os dados estatísticos, se examinados por regiões, ou por Estados, ou por municípios, mostram que, neste caso, não há discriminação significativa: pode-se dizer que há uma não-distribuição eqüitativa de bibliotecas públicas neste país... O mesmo ocorre com as bibliotecas escolares, também raras e precárias; faltam dados estatísticos, mas não são necessários para que se possa afirmar que também elas são poucas, pouquíssimas, em relação ao número de escolas e ao tamanho da população escolar, mas são poucas, são precárias sobretudo nas escolas públicas, naquelas que atendem às camadas populares. E não nos deixemos enganar por essas poucas bibliotecas públicas e escolares que temos: sabe-se bem o pequeno e quase sempre desatualizado acervo que a maioria tem, sabe-se bem que funcionam mais como depósito de livros que como verdadeiras bibliotecas, centros de informação, de formação de leitores, sabe-se bem as enormes dificuldades com que lutam para sobreviver.

---

[2] IBGE, *Pesquisa de Informações Básicas Municipais*, 1999.

Este é também um país de poucas, pouquíssimas *livrarias* – dizem as estatísticas que são 2.008[3], num país de 86 milhões de leitores potenciais, isto é, indivíduos alfabetizados com idade igual ou superior a 14 anos e no mínimo três anos de escolaridade[4], o que significa uma livraria para cada 84.400 habitantes! Para atender à relação considerada minimamente adequada – uma livraria para cada 6 a 8 mil habitantes – deveríamos ter cerca de 10.000 livrarias. Segundo o Anuário Editorial Brasileiro[5], em 1999 não havia livrarias em 64,5% dos municípios brasileiros. Poucas livrarias, e distribuição não eqüitativa dessas poucas: mais de metade das livrarias (56%) se encontram no Sudeste, quase um quarto no Sul (22%); somadas essas duas regiões, 78% das livrarias se concentram nas duas regiões mais desenvolvidas do país. Trecho de uma crônica de Diogo Mainardi mostra em cores vivas, e com a conhecida ironia deste jornalista, a situação de regiões menos desenvolvidas, não beneficiadas por canais de democratização cultural; após um período na Amazônia, junto aos índios uaiuais, o jornalista relata:

> Ao sair da aldeia dos uaiuais, entrei em forte crise de abstinência de leitura. Desesperado para comprar um livro, qualquer que fosse, parei em Cachoeira Porteira, mas descobri que a cidade não dispunha de livraria ou algo parecido. Oito horas depois, descendo o Rio Trombetas, cheguei a Porto Trombetas. Nenhum livro, nenhum jornal, nenhuma revista. Mais umas dez horas de barco e finalmente alcancei Oriximiná, uma cidade de tamanho médio, com cerca de 50.000 habitantes. Encontrei uma dúzia de farmácias e nenhum lugar onde comprar um livro. A seguir, tomei o Rio Amazonas até Óbidos, cidade natal de José Veríssimo, um dos nossos mais ilustres críticos literários. Ao

---

[3] *Anuário Editorial Brasileiro*. São Paulo: Cone Sul, 2001.

[4] *Retrato da leitura no Brasil*, pesquisa realizada no período de 10 de dezembro de 2000 a 25 de janeiro de 2001, pela Câmara Brasileira do Livro-CBL/Sindicato Nacional dos Editores de Livros-Snel/Associação Brasileira de Celulose e Papel-Bracelpa e Associação Brasileira dos Editores de Livros-Abrelivros. (Câmara Brasileira do Livro, CDRom)

[5] Cf. nota 3.

lado do porto, avistei uma inscrição em azul: Livraria Cultura. Na Livraria Cultura havia cadernos, canetas, bexigas, serpentinas, panelas, peneiras, vasos de plantas. Tudo, menos livros. A dona da livraria me informou que, anos atrás, ainda vendia uns livros didáticos. Agora, nem isso. A conclusão que tirei dessa minha emocionante viagem amazônica foi uma só: se Claude Lévi-Strauss tinha razão quando dizia que a comunicação escrita apenas reforçava a servidão[6], somos o povo mais livre do mundo.[7]

Outros dados completam o quadro de precariedade de condições de acesso a bens simbólicos no país: segundo o IBGE[8], em 1999 não havia cinema em 92% dos municípios brasileiros, não havia museus em 83% dos municípios brasileiros, não havia teatro, sala ou espaço para apresentações teatrais ou musicais em 85% dos municípios brasileiros. Essas percentagens evidenciam que também aqui, como no caso das bibliotecas públicas, não há discriminação significativa; pode-se dizer que há uma eqüitativa não-distribuição de cinemas, museus e teatros neste país...

Este é um país de livros caros para uma população em sua maioria pobre. Embora o setor editorial venha crescendo, ainda que modestamente, nos últimos anos, no Brasil, esse crescimento tem-se traduzido em aumento na quantidade de títulos, mas tiragens cada vez menores, o que encarece o livro. Assim, cresce a indústria do livro, sem que a isso corresponda um crescimento das condições de possibilidade de consumo do livro. Mais uma vez lanço mão de dados estatísticos: em 2000, foram editados 45 mil títulos e produzidos quase 330 milhões de exemplares[9]; no mesmo ano, era de pouco mais de um livro por ano (1,21) a compra média de

---

[6] No capítulo "Lição de escrita", de seu livro *Tristes Trópicos*, Lévi-Strauss afirma que "a função primária da comunicação escrita foi facilitar a servidão". (Nota da autora)

[7] *Veja*. 3 de fevereiro de 1999. Ano 32, n. 5, ed. 1583. p. 115.

[8] Cf. nota 2.

[9] Câmara Brasileira do Livro, *Diagnóstico do Setor Editorial de 2000*.

livros por adulto alfabetizado (idade igual ou superior a 14 anos e no mínimo três anos de escolaridade), aí incluídos os didáticos; se excluídos estes, a compra média se reduz a menos de um livro por ano (0,66)[10]. Aqui também distribuição não eqüitativa de livros pela população: dados da pesquisa *Retrato da Leitura no Brasil* revelam que 16% da população adulta alfabetizada concentram 73% dos exemplares comprados, o que leva o relatório a afirmar que a posse de livros no Brasil *apresenta dinâmica idêntica à distribuição de renda no País, onde poucos têm muito e muitos têm pouco* (p. 36-41).

Na verdade, essa afirmação vale não só para a questão da posse do livro, mas, aplica-se, de forma abrangente, à distribuição não eqüitativa das condições de acesso à leitura e das possibilidades e direitos de leitura; todos os dados anteriormente apresentados mostram a perversa relação entre a distribuição de renda no País e as condições de acesso à leitura, distribuição desigual, quer se considerem as regiões do País, quer se considerem os estratos socioeconômicos da população. Os obstáculos à democratização da leitura são, assim, fundamentalmente, de natureza estrutural e econômica; sem que estes obstáculos sejam vencidos – distribuição mais justa

---

[10] *Retrato da Leitura no Brasil*, cf. nota 4. A análise se limita a **compradores** de livros, não a **leitores**, já que a questão dos hábitos de leitura foge à temática e aos objetivos desta exposição. No entanto, é interessante citar pelo menos dois aspectos: o primeiro é que a pesquisa mostrou que o número de compradores de livros é bem menor que o número de leitores; assim, entre os que declararam que tinham lido recentemente, à época da pesquisa, apenas metade tinha comprado o livro lido; em segundo lugar – e este dado é confirmado pelos resultados da pesquisa Indicador Nacional de Alfabetismo Funcional – INAF 2001 (cf. nota 12) – a grande maioria da população reconhece a importância da leitura, afirma que ler é um prazer, o que leva Márcia Abreu a afirmar, com base em dados das duas pesquisas: *Já não é preciso que se façam campanhas para divulgar a importância da leitura e para estimular o "hábito" de ler. Governos, instituições culturais e escolas têm despendido esforços para convencer as pessoas de que "é importante ler", de que "ler é um prazer", mas elas já sabem disso."* Segundo essa autora, mais importante seria *difundir o acesso à educação escolar*, já que resultados da pesquisa INAF-2001 mostram uma relação direta entre escolarização e gosto pela leitura. Cabe acrescentar: necessário é também difundir o acesso à leitura e ao livro.

da renda, desenvolvimento social e econômico mais homogêneo no País, investimento efetivo na melhoria das condições sociais da população – poderemos, e **devemos**, na área da educação formal ou não-formal, dar nossa contribuição para a democratização da leitura, mas sempre conscientes de que a democracia cultural, a distribuição eqüitativa deste bem simbólico que é a leitura, depende de mudanças estruturais que ultrapassam o educacional e o cultural.

E é preciso reconhecer que, em contraponto ao quadro negativo que acabo de descrever, as áreas educacional e cultural têm dado sua contribuição para democratizar a leitura: têm sido desenvolvidas, nas últimas décadas, numerosas ações tanto de facilitação do acesso à leitura quanto de promoção da leitura e de formação do leitor, ações que procuram vencer as barreiras que o quadro econômico e político interpõe à democratização da leitura. Como exemplos de ações de facilitação do acesso à leitura, desconsiderando a distribuição de didáticos pelo Programa Nacional do Livro Didático – PNLD (reincidindo no quadro negativo, é preciso lembrar que 51% dos livros vendidos no país são didáticos que, em essência, podem democratizar a escolarização, não propriamente a leitura), podem-se citar, entre muitos outros, o Programa Nacional Biblioteca da Escola – PNBE e o Literatura em minha casa; como exemplos de ações de promoção da leitura e de formação do leitor, o Pró-Leitura – PROLER, o Leia Brasil, os mais antigos Programa Nacional Salas de Leitura, Ciranda do Livro... É, porém, fundamental que tenhamos sempre como pano de fundo e quadro referencial a certeza de que a ampla e irrestrita distribuição eqüitativa deste bem simbólico que é a leitura depende de mudanças estruturais que ultrapassam o educacional e o cultural, depende de luta contra obstáculos que extrapolam nossas possibilidades como educadores (mas não nossas possibilidades como cidadãos).

E não são apenas esses obstáculos estruturais que ultrapassam as nossas possibilidades de facilitadores e promotores da leitura; há um outro obstáculo, de outra natureza, que não devo deixar de mencionar, embora talvez esta reflexão que vou agora propor vá de novo nos levar a uma perspectiva pouco animadora das relações entre leitura e democracia cultural.

Lembre-se o conceito de democracia cultural que foi inicialmente proposto: distribuição eqüitativa de bens simbólicos. Entre estes, focalizou-se nesta exposição a leitura, mas não é só ela que é bem simbólico, há muitos outros, entre os quais aqueles que, nos tempos atuais, competem com ela, e são distribuídos muito mais eqüitativamente que ela. Contraponha-se o dado relativo à existência de livrarias nos municípios brasileiros apresentado anteriormente – lembre-se: em 64,5% deles não há livrarias – a estes outros dados: em 65% dos municípios brasileiros há pelo menos uma videolocadora; a rede Globo é sintonizada em 98% dos municípios brasileiros; a SBT chega a 88% dos municípios[11]. Parece que temos de reconhecer uma predominância do oral e do iconográfico na cultura brasileira nos tempos que vivemos. E o que é mais ameaçador à leitura: crianças, jovens e adultos consideram ver TV, ir ao cinema como atividades de lazer, de prazer, enquanto a leitura é percebida como obrigação, dever (é significativo que as pessoas em geral não se envergonhem de dizer que não gostam de ver televisão, que não gostam de cinema, mas se envergonhem de dizer que não gostam de ler). Foge à temática e aos limites desta exposição refletir sobre por que assim é, mas convém, pelo menos, levantar questões: não terá a escola alguma responsabilidade, pela maneira como trata a leitura? Não terá a família alguma responsabilidade, quando, nas camadas médias e altas, não ver TV é usado como castigo, e a leitura, porque é emblema de *status* e prestígio social para essas camadas, é obrigação? E, nas camadas populares, em que, em geral, não é atribuído valor à leitura, incentiva-se a TV e ignora-se a leitura? É significativo que a

---

[11] Cf. nota 2.

quase totalidade das residências brasileiras, independentemente da região, das condições econômicas de seus habitantes, tenha um aparelho de TV, a grande maioria tenha um vídeocassete, e seja insignificante a presença do livro, como atestam resultados de pesquisas. A pesquisa *Retrato da Leitura no Brasil* mostrou que, dos adultos alfabetizados acima de 14 anos que declararam ter o hábito de ler, 47% tinham, no máximo, dez livros em casa; 61% dos brasileiros adultos alfabetizados declararam ter muito pouco ou nenhum contato com livros; apenas 30% tinham lido um livro nos três meses anteriores à pesquisa, e somente 14% estavam lendo no dia em que foram entrevistados; resultados da pesquisa *Indicador Nacional de Alfabetismo Funcional* (INAF) 2001[12] confirmam: 37% dos entrevistados possuíam menos de 10 livros em casa, 41% possuíam de 11 a 50 livros, ou seja, 78% dos entrevistados tinham em casa menos de 50 livros. Como o foco nesta exposição é a leitura literária, convém esclarecer que os resultados mostraram que predominam, entre os livros possuídos, os livros religiosos, presentes em 86% das residências, os dicionários (65%), livros de receitas de cozinha (62%), livros didáticos (59%), os livros infantis (58%); só após esses vêm os livros literários (44%).

É interessante observar que, enquanto em relação à TV e ao videocassete, a *dinâmica **não é** idêntica à distribuição de renda no País,* porque aqui, em vez de *poucos terem muito e muitos terem pouco,* quase todos têm acesso à rede Globo, à SBT, às videolocadoras, em relação ao livro, a *dinâmica é idêntica à distribuição de renda no País, onde poucos têm muito e muitos têm pouco*: segundo o INAF-2001, entre as

---

[12] O *Indicador Nacional de Alfabetismo Funcional* (INAF) é uma pesquisa realizada anualmente pelo Instituto Paulo Montenegro, do Instituto Brasileiro de Opinião Pública e Estatística – IBOPE, associado à Organização Não Governamental – ONG Ação Educativa. Os dados da pesquisa realizada em 2001, que avaliou habilidades e práticas de leitura e escrita, são apresentados e comentados no livro: Vera Masagão Ribeiro (org.). *Letramento no Brasil: reflexões a partir do INAF 2001.* São Paulo: Global, 2003.

pessoas que declararam ter mais de 100 livros em casa, 27% pertenciam às classes A e B, apenas 5% à classe C, não mais que 2% às classes D e E.

Vou propor ainda mais uma questão à reflexão, que me conduz à segunda perspectiva das duas sob as quais me propus analisar as relações entre leitura, bem simbólico e democracia cultural, como proposto de início. A primeira perspectiva, sob a qual analisamos até aqui essas relações, assumiu o ponto de vista da responsabilidade social, considerando o acesso à leitura – a *possibilidade de* leitura e o *direito à* leitura – como uma **condição** para uma plena democracia cultural, porque desta faz parte, ou desta *deve* fazer parte, uma distribuição eqüitativa das possibilidades de leitura e do direito à leitura. A segunda perspectiva, que agora busco desenvolver, assume as relações entre leitura e democracia cultural do ponto de vista da formação do indivíduo, vê a leitura como instrumento de **promoção** da democracia cultural – a leitura tem o poder de democratizar o ser humano, em suas relações com a sociedade e a cultura. Em outras palavras: se, sob a primeira perspectiva, discutiu-se a **democratização da leitura para o indivíduo**, sob esta outra perspectiva a questão é a **democratização do indivíduo pela leitura**.

Antes de refletir sobre esta questão, lembro que me refiro sempre à *leitura literária*, que é o foco de minha análise, como esclarecido inicialmente; e lembro ainda a justificativa que apresentei para esse foco na leitura literária: o pressuposto foi que, para pensar relações entre leitura e democracia cultural, e sendo necessário restringir o sentido polissêmico de leitura, a opção mais adequada seria pela leitura que é escolha livre do indivíduo, e não obrigação, necessidade – democracia não é apenas distribuição eqüitativa das possibilidades de ter e fazer o que é necessidade, obrigação, dever, mas é também, e talvez, sobretudo, distribuição eqüitativa das possibilidades de ter e fazer o que é gosto e prazer. Para que não se argumente que a opção talvez não se justifique diante de um muito propalado desinteresse das pessoas pela leitura literária, apresento dados que contestam essa afirmação do senso comum, que os dados não apóiam.

Se, quando se analisa a *posse* do livro, a literatura é superada por livros religiosos, dicionários, livros de receitas, livros didáticos, livros infantis, quando se analisa a *leitura* de livros, os resultados de pesquisas são mais animadores. Em resposta à pergunta "que tipo de livro costuma ler, ainda que de vez em quando", 30% dos entrevistados, na pesquisa INAF-2001, declararam ler "romance, aventura, policial, ficção", e 20% declararam ler poesia, percentagens não muito distantes da leitura mais indicada, a de livros religiosos, preferidos por 46% dos que declararam ler; os resultados da pesquisa *Retrato da Leitura no Brasil* revelaram que, enquanto 39% dos entrevistados declararam ler "Religião", 29%, uma percentagem não muito menor, declararam ler "Literatura adulta", categoria genérica, que inclui a poesia, além da ficção e de outros gêneros de natureza literária. Considerando esse interesse pela leitura literária, justifica-se uma reflexão sobre a pergunta anteriormente proposta, e que agora reformulo, especificando o tipo de leitura que será objeto da reflexão: a leitura *literária* é instrumento de *promoção* da democracia cultural, tem o poder de democratizar o ser humano em suas relações com a sociedade e a cultura? Ou: a leitura democratiza o indivíduo?

Leitura: instrumento de promoção da democracia cultural

Começo sugerindo que talvez se possa fazer sobre a leitura distinção análoga a que faz Brian Street[13] sobre o letramento: assim como há uma concepção do letramento como prática "autônoma" e uma concepção do letramento como prática "ideológica", pode-se dizer que há também uma concepção da leitura como prática *autônoma*, considerada como um valor em

---

[13] *Literacy in theory and practice.* Cambridge: Cambridge University Press, 1984.

si mesma, como intrinsecamente boa, sempre legítima, com efeitos sempre positivos sobre o indivíduo; e uma concepção de leitura que, recusando uma pretensa neutralidade dessa prática, a vê como prática *ideológica,* enraizada em e difusora de visões do mundo, veículo de inculcação de valores, podendo, portanto, ter efeitos e conseqüências os mais diversos.

Sobre essa natureza *ideológica* da leitura literária se poderia falar em relação à polêmica questão do conceito de literatura, à discutida distinção entre uma "alta literatura" e uma "baixa (?) literatura" – aqui, a questão seria refletir sobre se a leitura de *qualquer* produção que se autodenomine *literária* democratizaria a cultura e o ser humano. Essa é uma faceta complexa e controversa da concepção ideológica da leitura literária – não é a que aqui quero discutir.

Sobre essa natureza *ideológica* da leitura literária se poderia ainda falar à luz de uma perspectiva discursiva que, partindo do pressuposto de que a leitura é *produzida,* portanto, é um processo de instauração de sentidos, havendo, assim, múltiplos modos de leitura, discutisse a relação entre democracia cultural e os diferentes e variados sentidos instaurados pela leitura – aqui, a questão seria refletir sobre se toda e qualquer leitura *produzida* de texto literário democratizaria a cultura e o ser humano – faceta de uma concepção ideológica da leitura literária também complexa e, se não controversa, extremamente fugidia e difícil de captar – não é também esta que aqui quero discutir.

Ainda uma terceira possibilidade: sobre essa natureza *ideológica* da leitura literária se poderia também falar à luz de uma discussão sobre a hegemonia, no mundo atual, da indústria cultural que, atrelando o campo cultural ao mercado, vem criando novos gostos e novos hábitos de leitura, subvertendo valores e a própria concepção de literatura e de cultura, levando ao que Leyla Perrone-Moisés[14] chamou de

---

[14] Perrone-Moysés, Leyla. *Altas literaturas: escolha e valor na obra crítica de escritores modernos.* São Paulo: Companhia das Letras, 1998, p. 203.

descultura; segundo ela, "a luta não se trava mais entre concepções diferentes da cultura, entre a cultura e a contracultura, alta cultura e cultura de massa, mas entre a cultura e a descultura pura e simples". Nesse sentido é que Walnice Nogueira Galvão diferencia *democratização* de *degradação*[15]. Aqui, a questão seria refletir sobre uma distinção entre cultura e indústria cultural, entre literatura enraizada na cultura, ou mesmo na contracultura, e literatura que promove a *descultura*, fruto da indústria cultural que, segundo Milton Santos[16], "aciona estímulos e holofotes deliberadamente vesgos", e contesta: "o mundo cultural não é apenas formado por produtores e atores que vendem bem no mercado". Mas ainda não é esta a questão que quero discutir.

O que aqui quero propor como reflexão sobre a natureza ideológica da leitura literária é que essa leitura, deixando à margem as facetas dessa questão que acabo de indicar, além de ser **condição** para uma plena democracia cultural, argumento defendido na primeira e mais longa parte desta exposição, é também instrumento de democratização do ser humano, isto é, tem o potencial de democratizar o ser humano. Se assim não fosse, os nazistas não teriam queimado os livros de autores judeus, os soviéticos não teriam impedido dissidentes de publicar seus livros, os criacionistas não procurariam banir *A origem das espécies*, de Darwin.

A leitura literária democratiza o ser humano porque mostra o homem e a sociedade em sua diversidade e complexidade, e assim nos torna mais compreensivos, mais tolerantes – compreensão e tolerância são condições essenciais para a democracia cultural.

A leitura literária democratiza o ser humano porque traz para seu universo o estrangeiro, o desigual, o excluído, e

---

[15] *Folha de S. Paulo*. 17 de março de 2002: Caderno *Mais!*, p. 4-11. A discussão da autora sobre *democratização versus degradação* está nas p. 5-7.

[16] *O país distorcido*. São Paulo: Publifolha, 2002. p. 67.

assim nos torna menos preconceituosos, menos alheios às diferenças – o senso de igualdade e de justiça social é condição essencial para a democracia cultural.

A leitura literária democratiza o ser humano porque elimina barreiras de tempo e de espaço, mostra que há tempos para além do nosso tempo, que há lugares, povos e culturas para além da nossa cultura, e assim nos torna menos pretensiosos, menos presunçosos – o sentido da relatividade e da pequenez de nosso tempo e lugar é condição essencial para a democracia cultural.

Concluindo, um alerta e uma responsabilidade

De tudo isso ficam-nos um alerta e uma responsabilidade.

O alerta é que, reconhecendo que a distribuição eqüitativa deste bem simbólico que é a leitura é condição para uma plena democracia cultural, é preciso reconhecer também que os obstáculos a essa distribuição, isto é, à democratização da leitura, são fundamentalmente de natureza estrutural e econômica, ultrapassando, assim, os limites de nossas possibilidades como educadores, mas, por outro lado, obrigando-nos, como cidadãos, à luta contra a desigual distribuição dos bens simbólicos, entre eles, a leitura.

A responsabilidade é que, reconhecendo que a leitura, particularmente a leitura literária, além de dever ser *democratizada*, é também *democratizante*, nós, os educadores comprometidos com a formação de leitores, devemos assumir essa formação não apenas como desenvolvimento de habilidades leitoras e de atitudes positivas em relação à leitura, mas também, talvez sobretudo, como possibilidade de democratização do ser humano, conscientes de que, em grande parte, somos o que lemos, e que não apenas lemos os livros, mas também somos lidos por eles.

SOCIALIZANDO PESQUISAS

O JOGO DA PESQUISA: LEITURA E ESCRITA LITERÁRIA E INTERVENÇÃO SOCIAL

A Contribuição da Estética da Recepção[1]

Maria da Glória Bordini

O Centro de Pesquisas Literárias (CPL), criado em 1977 como órgão estimulador da pesquisa literária no então Curso, hoje Programa de Pós-Graduação em Letras, da Pontifícia Universidade Católica do Rio Grande do Sul, visava inicialmente agregar o trabalho de produção do conhecimento dos docentes, que vinham atuando dissociada e individualmente, em torno de alguns problemas-chave.

Ao longo dos anos, ampliou suas finalidades também para a formação de novos pesquisadores, incorporando aos projetos graduandos, recém-graduados e pós-graduados, independentemente de sua vinculação exclusiva ao Programa e acolhendo, inclusive, pesquisadores e iniciantes de outras instituições. Operando por meio de equipes, em projetos diferenciados, mas articulados em torno de premissas teóricas comuns, o CPL/PUCRS promoveu a investigação da literatura em três direções básicas: a das teorias literárias do século XX, em geral aplicadas à crítica, a da história da literatura através de suas fontes e a da literatura infantil e da leitura e seu ensino.

Nessa terceira grande área de atividade, desde o início, o Centro de Pesquisas Literárias privilegiou o estudo da

---

[1] Este texto se baseia em trabalhos de Regina Zilberman sobre a história do Centro de Pesquisas Literárias da PUCRS e seu fundamento teórico na Estética da Recepção.

literatura infantil, interessado em recuperar textos, traçar uma história e uma teoria do gênero e, a partir destas, problematizar o ensino da literatura e a aprendizagem da leitura, com ênfase no ensino fundamental e na educação infantil. Tanto é assim que o primeiro projeto de do CPL foi aprovado pela FAPERGS em 1977, com o título de *A Literatura Infantil no Rio Grande do Sul. Literatura Gaúcha e Nacional - Catálogo de Obras. Sugestões de Leituras e Atividades*.

Nos anos 80, a preocupação com o ensino de literatura entrou na linha de frente dessa área de pesquisa, atendendo à carência visível de preparação dos professores quanto à leitura literária. Diversos projetos foram levados a cabo: *Metodologias Alternativas para o Ensino da Literatura no 1° e 2° graus*, com patrocínio do Programa de Integração da Universidade com o Ensino de Primeiro Grau (SESu/MEC); *A literatura infantil na educação pré-escolar*, projeto patrocinado pela Fundação EDUCAR; *Diagnóstico da situação de ensino da literatura no 1° e 2° graus em escolas de Porto Alegre* e *Guias de leitura para as necessidades do aluno de 1° e 2° graus*, ambos patrocinados pelo INEP.

Já no fim dos anos 80, houve uma inflexão dos diagnósticos e metodologias para um esforço de atualização teórica, com intento de se obter uma sintonia mais afinada entre as questões extra-muros, numa sociedade em profunda modificação de normas e conceitos, e a escola ainda atrelada a procedimentos tradicionais e inoperantes. Assim, constituiu-se o projeto *Livro didático, literatura e pós-modernidade*, patrocinado pelo INEP e pela FAPERGS, que revisou as teorias pós-modernas e buscou adaptá-las ao perfil do novo alunado pós 69 e pós ditadura, no que se referia ao ensino escolar.

Nos anos 90, deu-se continuidade àquela direção preocupada com os primeiros anos da formação da criança, com o projeto *Proposta metodológica para a literatura infantil na pré-escola*, patrocinado pelo INEP, mas logo foram se ajuntando à inclinação metodológica outras tantas derivadas, seja da necessidade de atualizar a fundamentação teórica das práticas pedagógicas no âmbito da leitura literária, seja no engajamento da Universidade junto à comunidade, em atividades para-escolares.

Dessa forma, na década de 90 e no novo século da perda das utopias, tem-se, por um lado, paradoxalmente, intervenções na formação de jovens leitores, cuidadosamente lastreadas em teorias literárias e cognitivas, e, por outro, procura-se associar leitura e história, indo ao passado e à experiência de públicos não escolares para compreender e modificar o presente.

No primeiro desses blocos, há pesquisas de engajamento comunitário, abrangidas pelo Centro de Estudos de Desenvolvimento da Linguagem (CELIM), recentemente estabelecido, em que graduandos, orientados por pesquisadores-doutores, desenvolvem projetos experimentais de leitura em hospitais, escolas públicas e privadas, e em comunidades carentes, tais como: *Literatura Infantil e Medicina Pediátrica: uma Aproximação de Integração Humana; Oficina de Leitura da Literatura Champagnat, As crianças contam histórias: a recepção do conto de fadas; Tendências Contemporâneas da Produção Cultural Para Crianças, Mãos Dadas: acadêmicos de Letras e escolares de 5 a 7 anos ensinam e aprendem a desenvolver potencialidades lingüísticas através da poesia.*

Exemplo dessa direção de pesquisa de intervenção social, com origem no projeto *Leitura Literária e a Construção do Imaginário do Leitor*, é o Centro de Literatura Interativa da Comunidade (CLIC), mantido pela PUCRS e pela Associação de Moradores, numa vila denominada Nossa Senhora de Fátima, em que crianças dos arredores freqüentam oficinas de leitura, orientadas por alunos graduandos e pós-graduandos, dispondo de biblioteca, computadores, televisão e vídeo. Ali há oficinas de Literatura e Computador, Contação de Histórias, Literatura e Imagem, Literatura e Teatro, Literatura e Música, Literatura e Biblioteca, Leitores Criando Livros, além de subprojetos como a Mala de Leitura, para a Associação de

Moradores, Encontros Culturais, Cursos de Formação, e Desenvolvimento de *Softwares* para atividades de leitura.

No segundo bloco, destacam-se as pesquisas voltadas para a recuperação das condições de leitura e produção literária numa perspectiva teórico-histórica, acompanhando os processos de interação entre escrita e leitura em recortes bem definidos. Nesse sentido, os projetos *A construção lírica e a formação do leitor: repercussões do cânone na imprensa* e *Leitura, Escrita e a Emancipação do Autor*, atualmente em andamento, trabalham por ângulos diferentes. O primeiro, baseado na Sociologia da Leitura, visa identificar os protocolos de leitura propostos pelos poetas que escreviam na imprensa sul-rio-grandense entre 1870 e 1930, para avaliar como exercitavam ou alteravam o cânone da época através dos órgãos de difusão cultural e qual o impacto possível de sua escrita sobre a formação do público que os lia. O segundo, fundamentado nas teorias da intertextualidade e na Estética da Recepção, bem como na Sociologia da Leitura, discute as condições materiais da produção de Machado de Assis e Erico Verissimo, investigando como leram seus antecessores, como estabeleceram seus textos após várias reescritas, em função das instituições culturais a que pertenciam, às fontes de que dispunham, a seu lugar no circuito de produção-recepção, discutindo a noção de autoria e de propriedade literária.

Nesse âmbito das pesquisas dirigidas para a literatura infantil e o ensino de leitura literária, pode-se verificar o papel seminal das concepções teóricas e metodológicas da Estética da Recepção, introduzidas no Programa de Pós-Graduação em Letras na década de 70. Incorporando as teses da Escola de Constança a uma de suas linhas de pesquisa, o PPGL, através dos expressivos resultados alcançados, difundiu as teorizações em especial de Jauss e Iser e igualmente aplicou-as e adaptou-as ao contexto brasileiro, em que frutificaram em duas dimensões diferentes, mas conexas.

No ambiente acadêmico propriamente dito, a Estética da Recepção provocou uma virada alternativa à imanência dos estudos estruturalistas da década de 60 e 70, unindo sincronia e diacronia, estrutura e história, apelo e resposta. Bebendo de diversas fontes teóricas, a Estética da Recepção buscava uma compreensão mais plena da obra literária, levando em conta não só a invenção autoral, mas sua comunicação com o leitor e a legitimação da literatura por seu poder de emancipação. Alimentando-se do Estruturalismo tcheco e da Sociologia Literária, bem como da História da Literatura e da Hermenêutica filosófica, conseguiu superar as fronteiras da obra literária, saindo delas rumo ao leitor, o que insensivelmente implicava sondar os registros históricos de seus interesses e valores, as instituições formadoras destes, como a crítica e a escola, e levar em conta gêneros não necessariamente canônicos nos repertórios de leitura.

Na Alemanha, a repercussão das teorias recepcionais incidira sobre as reflexões a respeito da Literatura Infantil, com base na noção de assimetria entre texto e destinatário[2] de Iser e no conceito de identificação entre herói e leitor[3] de Jauss. No Brasil, partindo dos ensaios de Zilberman, "A literatura infantil e o leitor"[4] e "Literatura infantil: livro, leitura, leitor",[5] surge uma das primeiras aplicações desses conceitos, associados a Bakhtin, na tese de doutorado *Literatura infantil brasileira na década de 70: a caminho da polifonia*, de Ana Mariza Ribeiro Filipouski, de 1988.

---

[2] ISER, Wolfgang. A interação do texto com o leitor. In: LIMA, Luiz Costa. *A literatura e o leitor*. Rio de Janeiro: Paz e Terra, 1979.

[3] JAUSS, Hans Robert. Levels of Identification of Hero and Audience. *New Literary History*. 5 (2): 283 - 317. Inverno de 1974. Reformulado parcialmente em: JAUSS, Hans Robert. *Ästhetische Erfahrung und literarische Hermeneutik*. Frankfurt: Suhrkamp, 1977.

[4] ZILBERMAN, Regina. A literatura infantil e o leitor. In: ___; MAGALHÃES, Ligia Cademartori. *Literatura infantil: autoritarismo e emancipação*. São Paulo, Ática, 1982.

[5] ZILBERMAN, Regina. Literatura infantil: livro, leitura, leitor. In: ___ (Org.). *A produção cultural para a criança*. Porto Alegre: Mercado Aberto, 1982.

Igualmente, investigações voltadas a observar como se deu a formação de leitores, sejam ou não profissionais, como críticos literários, tradutores ou professores, encontram na Estética da Recepção sua base conceitual e metodológica. Amparada em tais pressupostos, Vera Teixeira de Aguiar, em 1979, devassou os *Interesses de leitura dos alunos do currículo por áreas de estudo do 1º grau* e, em 1988, estudou como acontece a *Comunicação literária na pré-escola: elementos históricos e ficcionais do texto narrativo*. Mara Ferreira Jardim, em 1991, preferiu abordar os *Hábitos e interesses dos alunos trabalhadores do 1º grau noturno: comprometimento e alienação da escola*, lidando com estudantes residentes em Porto Alegre. Da sua parte, Diana Maria Noronha, em 1993, abordou histórias de leitores, procurando entender *A formação do leitor de literatura*. Tendo como sujeitos docentes de literatura atuantes nos três graus de ensino e valendo-se de entrevistas diretas, Angela da Rocha Rolla elaborou a tese *Professor, perfil de leitor*, classificado este último conforme o padrão qualitativo do modo como se relaciona com textos literários. Também Claudete Amália Segalin de Andrade o fez em relação às leituras pré-universitárias em seu doutorado *Dez livros e uma vaga: a leitura de literatura no vestibular*, de 2001.

A Estética da Recepção, unida a outras correntes teóricas, como a Sociologia da Leitura, tem nutrido o pensamento teórico e aplicado seja na atuação dos pesquisadores do Centro de Pesquisas Literárias, seja na produção de pesquisas individuais para fins de pós-graduação em nível de mestrado e doutorado do PPGL/PUCRS, com resultados expressivos, muitos deles transformados em livros. Embora seus fundamentos não sejam os únicos praticados, apresentam uma série de características que abrem um espaço inesgotável para a pesquisa em Leitura, seja ela mais voltada para a teoria ou mais ocupada com a metodologia de ensino.

Em sintonia com os novos tempos em que a sociedade não se compreende sem sua identidade cultural historicamente situada, essa teoria abandona a noção idealista de texto literário, entendendo-o como produto de circunstâncias históricas e ideológicas, com as quais dialoga e diante das quais se posiciona. Mostra-o como objeto isento de sacralidade, próximo do leitor e seu aliado no processo de emancipação a que ambos visam e, por conseqüência, estabelece uma ponte entre a literatura e a vida prática, facilitando a interlocução entre as duas. A obra fica mais próxima do leitor, e este sente-se mais à vontade para estudá-la enquanto estrutura de comunicação e fenômeno histórico.

Além disso, a Estética da Recepção transita com facilidade da teoria para a prática, dos fundamentos para a metodologia, da compreensão para a aplicação. A experiência estética é considerada, mas por último, porque se parte da recepção, da história das leituras, para chegar-se a identificar a força emancipatória do texto nos seus vazios tanto quanto em suas determinações. Com isso, torna-se possível questionar o leitor comum, o aluno na escola, o professor no seu trabalho, e os gêneros mais populares, porque mais consumidos, tais como a Literatura Infantil. Sem poses acadêmicas, pode ser utilizada prontamente quando se precisa dar a conhecer a realidade cotidiana, o dia-a-dia, os hábitos e costumes dos indivíduos, sendo mais elástica que a ortodoxia das sociologias literárias, com suas homologias estritas.

Sem renunciar ao rigor da investigação científica, a acessibilidade e maneabilidade da Estética da Recepção faz com que seus resultados ajudem a nos conhecer melhor enquanto leitores, autores, produtores e consumidores, tanto quanto alunos e professores de Literatura. Sua consideração à história dos efeitos das obras, às expectativas socioculturais com que os leitores procuram os livros, ao poder de ação do texto sobre o leitor e sobre a sociedade proporciona aos pesquisadores da leitura literária e do ensino de literatura inúmeras possibilidades de investigação e de intervenção criativa no panorama da leitura e da produção literária para as diversas faixas etárias do público, o que os projetos do Centro de Pesquisas Literárias da PUCRS têm eficazmente demonstrado ao longo dos anos.

GRUPO DE PESQUISA DO LETRAMENTO LITERÁRIO: UMA TRAJETÓRIA EM CONSTRUÇÃO

Aparecida Paiva

> Tem o pesquisador o direito de apenas enunciar aos pares o conhecimento que produz, fugindo ao compromisso social e obrigação ética de revelá-lo aos diretamente envolvidos na realidade que investigou? De criar para estes a possibilidade de liberdade, de que fala Bourdieu, a possibilidade de, desveladas as leis sociais, optar por conservá-las ou transformá-las?
>
> Magda Soares[1]

Vou tomar de empréstimo as idéias colocadas por Magda Soares, em seu provocativo texto, *Para quem pesquisamos? Para quem escrevemos?*, a fim de socializar com vocês a relativamente pequena mas intensa trajetória do GPELL[2], ao longo dos seus dez anos de existência comemorados neste ano. Vou me apropriar destas duas questões (que também foram feitas a outros pesquisadores que escreveram na coletânea) para

---

[1] SOARES, Magda. Para quem pesquisamos, para quem escrevemos. In: *Para quem pesquisamos, para quem escrevemos: o impasse dos intelectuais*. GARCIA, Regina Leite (Org.) São Paulo: Cortez, 2001, p.89 (Coleção Questões da Nossa Época; v. 88).

[2] O GPELL – Grupo de Pesquisa do Letramento Literário foi criado em 1994 com o nome de Grupo de Pesquisas de Literatura Infantil e Juvenil e, somente em 2001, recebeu a denominação atual.

dar testemunho[3] do que tem sido o trabalho deste grupo de pesquisa e do que ele tem feito no campo do Letramento Literário, em suas diferentes ações. Mas, antes disto, é fundamental situar este grupo num ambiente muito maior de pesquisa e ação educacional, do qual ele faz parte, que é o Centro de Alfabetização Leitura e Escrita – CEALE – da Faculdade de Educação da UFMG.

O CEALE (órgão complementar da Faculdade de Educação) foi criado em 1990, com o objetivo de integrar atividades de pesquisa, documentação e ação educativa voltadas para a alfabetização, leitura e escrita. No campo da ação educativa, o CEALE vem se articulando às redes públicas de ensino no desenvolvimento de programas de formação continuada de professores e especialistas e na prestação de serviços de natureza técnico-científica, que visam a fornecer a órgãos da administração pública educacional instrumentos para o desenvolvimento de suas políticas. Além disso, no que se refere a projetos de pesquisa, desenvolve projetos integrados que permitem uma adequada compreensão das práticas escolares e não-escolares de leitura e escrita, seja sob uma perspectiva sincrônica, seja sob uma perspectiva diacrônica. Para subsidiar essas investigações, o Centro vem contando, desde a sua fundação, com o apoio de diferentes agências de financiamento (CNPq, CAPES, INEP, FINEP e FAPEMIG) e realizando, em parceria com outras instituições, seminários de pesquisa voltados para discussão do conhecimento em produção sobre o tema.

Integrado à Biblioteca da Faculdade de Educação, o Centro criou seu setor de documentação, que desenvolve projetos dirigidos para o levantamento, aquisição e tratamento de

---

[3] Para ser justa, devo lembrar aos leitores que este texto sintetiza produções escritas (projetos e textos internos do grupo), bem como discussões travadas em nossas reuniões periódicas, participação em eventos, de diferentes naturezas, cursos e realização de pesquisas individuais e coletivas.

fonte e da produção científica nacional e internacional sobre as temáticas de seu interesse, para o estudo histórico das práticas escolares de ensino da leitura e da escrita, particularmente da produção editorial brasileira a ele destinada ou nele utilizada (cartilhas, livros didáticos, gramáticas e antologias), do século XIX aos dias de hoje.

Por outro lado, as ações educativas voltadas para a formação de pesquisadores e professores para o ensino superior são realizadas por meio do Núcleo de Pesquisa "Educação e Linguagem", do Programa de Pós-Graduação "Conhecimento e Inclusão Social em Educação, da Faculdade. Entre essas ações e com o objetivo de integrar, de forma interdisciplinar, pesquisa, ensino e extensão da universidade, o Núcleo vem, durante esses anos, desenvolvendo, através do CEALE, projetos sobre os diferentes usos sociais da escrita e da leitura, que configuram diferentes tipos e níveis de letramento no contexto brasileiro, entre eles o literário.

Assim, o GPELL – Grupo de Pesquisa do Letramento Literário – integra as atividades do Núcleo de formação permanente de professores do CEALE. O GPELL tem, nos últimos anos, se dedicado a pesquisas[4] voltadas para a formação de leitores literários. Interessam ao Grupo as práticas sociais de leitura e escrita presentes em instâncias sociais de circulação de livros, no interior e entre as quais os sujeitos interagem em situações de comunicação. Tal abrangência justifica a escolha do termo *letramento*, considerado como expressão que sintetiza de forma mais condizente o processo social e individual de apropriação do mundo da escrita pelos leitores, inclusive professores e alunos.

Atividades

O GPELL, coerente com a organização do Centro que o abriga, também desenvolve suas atividades nas áreas de

---

[4] Estarão indicadas na bibliografia as publicações referentes às pesquisas.

pesquisa e ação educacional e organiza essas atividades em torno de projetos. Como afirma Batista (2000, p. 21).

> É importante observar que a organização das atividades em duas grandes áreas – ação educacional e pesquisa – tem antes de tudo um caráter didático: por um lado, porque há interseções entre as áreas e, por outro, porque um dos propósitos do CEALE é a conjugação mesma das atividades voltadas para a produção e a socialização do conhecimento.

Ação Educacional

• Desde 2001, o Grupo de Pesquisa do Letramento Literário estabeleceu parceria com Proler – Programa Nacional de Incentivo à Leitura que integra as ações da Fundação Biblioteca Nacional, cuja proposta precipuamente orientada para a formação de leitores, busca articular vários parceiros em todo território nacional, mobilizando diferentes setores da sociedade em favor da leitura. Entre as vertentes que organizam as ações do Proler encontra-se aquela que destaca a biblioteca e as salas de leitura, espaços para os quais, neste plano, dirigimos as nossas múltiplas indagações que estruturaram nosso projeto de pesquisa *Letramento Literário no contexto da biblioteca escolar*. Na vertente da formação de professores, a equipe do GPELL organiza cursos de formação continuada (40 horas) sobre letramento literário, sob a coordenação nacional do Proler.

• O Grupo articula às atividades de pesquisa e ação educativa a atividade crítica de leitura da produção literária para crianças e jovens publicada anualmente no Brasil: o projeto desenvolvido pelo GPELL, na condição de votante da Fundação Nacional do Livro Infantil e Juvenil, no processo que seleciona obras de qualidade da literatura para crianças e jovens, em diversas categorias: livro para criança, para jovens; informativo; poesia; tradução/criança e jovem etc.

As obras selecionadas, divulgadas pela FNLIJ através das listas dos "Altamente Recomendáveis", constituem importante referência para a composição de acervos de bibliotecas no país. Desenvolvido desde 1997, o projeto de leitura crítica resulta ainda na produção de resenhas dos livros selecionados pelos componentes do GPELL, com o objetivo de serem essas leituras partilhadas com professores do Ensino Básico.

• O projeto de extensão *A páginas tantas: a tela e o livro na formação de leitores*, iniciado em 2003, tem como objetivo refletir sobre questões referentes à utilização da internet na formação de leitores de literatura. Tal iniciativa encontra-se ligada às atividades do grupo como um todo, sobretudo àquelas decorrentes da sua participação em processos de avaliação da qualidade dos livros destinados a crianças e jovens no Brasil, e de pesquisas voltadas para a formação do leitor de literatura. Trata-se, portanto, da socialização das atividades e resultados de pesquisas junto à comunidade de bibliotecários, professores e alunos da Educação Básica, em projeto que pressupõe o acesso não somente para a leitura das resenhas, mas também para a escrita, já que os usuários podem apresentar suas leituras de livros; encaminhar relatos de atividades realizadas com os livros; e/ou sugerir títulos a serem resenhados.

A publicação na internet tem a sua função potencializada, porque, ao mesmo tempo em que se torna pública, está sujeita a intervenções do público, em maior escala que outros meios de divulgação.

O projeto pretende, assim, estabelecer uma comunidade de leitores que tome a literatura como prática composta de vários sistemas de significação e de diferentes valores culturais. Para tanto, a resenha se coloca como gênero que permite uma abordagem da literatura que inclui o posicionamento quanto ao tratamento dado ao tema, quanto ao trabalho com a linguagem, quanto às relações que o texto autoriza estabelecer, entre tantos outros que se manifestam na leitura, atravessados por valores socioculturais próprios do leitor que a escreve. A resenha pode oferecer ainda a possibilidade de discussão sobre os usos escolares das obras e sugerir propostas de movimentação de acervos de bibliotecas nas escolas, que hoje não se ressentem tanto com a falta de livros, mas de propostas adequadas que façam deles objetos de leitura. A resenha enquanto gênero não esgota as possibilidades de leitura das obras, porque os olhares sobre os objetos resenhados permitem muitas entradas, que, por sua vez, encontram-se em relação direta com a história de formação do leitor e a da constituição de sua "biblioteca pessoal".

• Desde 1995 o GPELL promove o evento *Jogo do Livro Infantil e Juvenil,* cuja freqüência é bienal, e vem, em cada uma de suas versões, tratando das práticas de leitura de leitores-alunos e leitores professores, tendo em vista a discussão sobre um tipo de produção cultural de circulação social: o livro para crianças e jovens.

O primeiro evento teve como título *O Jogo do Livro Infantil: Encontro de trabalho e algazarra,* articulado à pesquisa "A Leitura Literária e o Professor – condições de formação e atuação", constituiu um fórum de discussões entre as instâncias/grupos sociais de produção-mediação-recepção de leitura: leitores, crianças, autores, editores, artistas plásticos, gráficos, livreiros, bibliotecários, professores, pedagogos, estudantes, entre outros envolvidos com a circulação social do livro infantil e juvenil. Esse primeiro encontro teve como desdobramento a publicação do livro *O jogo do livro infantil: textos selecionados para formação de professores,* publicado pela editora Dimensão, em 1997.

O segundo evento, *O Jogo do Livro Infantil e Juvenil: A Leitura,* de caráter inter-institucional, teve como parceiro o Instituto de Ciências Humanas e Sociais – ICHS/UFOP – e aconteceu em Mariana em 1997. O tema central foi a leitura e várias de suas facetas – cultural, escolar, política, pedagógica, estética, psicolingüística – foram abordadas, no intuito de discutir e vir a subsidiar especialmente, mais uma vez, a prática de professores de português. Os textos do evento estão publicados no livro *A Escolarização da Leitura: o Jogo do Livro Infantil e Juvenil*, pela Editora Autêntica.

O terceiro *Jogo do Livro Infantil e Juvenil - No fim do século: a diversidade* abordou questões referentes às diferentes práticas de leitura do final de século, tendo sido a reflexão sobre a diversidade o eixo segundo o qual se discutiu a produção do livro para jovens e crianças, num momento fértil de busca de caminhos e novas perspectivas na formação de leitores como aquele. Pretendeu-se, assim, inserir a leitura num contexto mais amplo de práticas, das quais participam não só o livro mas a revista, o computador, o jornal, a televisão e outros portadores de texto, presentes no contexto escolar e na sociedade contemporânea "letrada". O livro *No fim do século: a diversidade - O jogo do livro infantil e juvenil*, publicado em 2000, pela editora Autêntica de Belo Horizonte, traz contribuições de especialistas em Educação, Teoria Literária, Belas Artes, Comunicação, Psicologia, Sociologia da Leitura e Biblioteconomia, de várias instituições de ensino e pesquisa, tais como UNICAMP, PUC-Rio, UFRJ, PUC-Minas, UFJF e UFMG.

Em 2001, o *Jogo do Livro IV: Letramento Literário: Ensino, Pesquisa e Políticas Públicas de Leitura* ampliou o interesse de discussão, antes restrita a crianças e jovens, para a formação do leitor adulto. Isso porque a questão do letramento literário vem sendo relegada a segundo plano, nas pesquisas voltadas para a produção e recepção de livros. Esse estado lacunar foi focalizado para que as políticas públicas de incentivo e distribuição de livros de literatura, primeira garantia da formação, pudessem entender o letramento literário numa dimensão que não fosse determinada apenas pela faixa etária ou pelo grau de escolaridade, mas considerasse o processo diferenciado de formação de leitores e a condição efetiva de usos sociais de leitura e escrita dos sujeitos

– crianças, jovens ou adultos – na sociedade brasileira. Foi com este objetivo que não foi incluído no título, como nos *jogos* anteriores, as expressões *infantil* e *juvenil*. Os dois dias do encontro trataram dos três planos articulados da questão: ensino, pesquisa e política, com o firme propósito de aproximá-los. Por isso as mesas procuraram garantir essa representatividade. A publicação desse evento *Literatura e Letramento: espaços, suportes e interfaces*, sob a responsabilidade da editora Autêntica de Belo Horizonte, foi lançado em julho de 2003.

No ano de 2003, ao finalizar o projeto integrado de pesquisa "Letramento Literário no Contexto da Biblioteca Escolar", o GPELL propôs, como em outros Jogos do Livro, articular pesquisa e extensão socializando através de um novo evento – *A democratização da Leitura: O Jogo do Livro V* – as conclusões sobre as práticas de leitura que se operam na biblioteca escolar enquanto espaço peculiar de circulação de livros de literatura. Cumpre destacar, porém, que o evento realizado teve um alcance muito maior do que uma usual divulgação de resultados de pesquisa.

Em primeiro lugar, ele se apresentou, seguindo a tradição do GPELL, como um fórum de discussão entre os vários grupos sociais e acadêmicos interessados no letramento literário, incluindo autores, editores, artistas plásticos, gráficos, livreiros, bibliotecários, professores, pesquisadores, pedagogos, estudantes, entre outros. É com esse propósito que o *Jogo do Livro V* buscou oferecer, por meio de conferências, mesas-redondas, oficinas e relatos de experiência, múltiplos canais e possibilidades de discussão dos caminhos do livro e da leitura dentro e fora da escola.

Pesquisas realizadas

Na vertente das pesquisas sobre o letramento literário, em 1996, o Grupo desenvolveu a pesquisa "Relações entre a formação do professor como leitor literário e sua prática docente na formação de leitores literários". Pesquisa sobre *como* e *por que* certos aspectos interferem na formação e realização da leitura literária na vida dos professores de português. Os resultados da pesquisa foram publicados com o título: "A formação de professores literários: uma ligação entre a infância e a idade adulta?", em novembro de 1999, na *Educação em Revista*.

Além disso, o Grupo realizou uma pesquisa comparativa "Letramento Literário e Formação de Leitores: a produção literária para jovens no Brasil e em outros países", que teve por objetivo analisar livros representativos da literatura juvenil, abordando não só aspectos textuais e intertextuais como aqueles voltados para a programação gráficas dos livros, escolha de formato, escolha de tipo, enfim, todos os aspectos que inter-relacionados apontam para uma proposta de recepção do texto e para a configuração do seu leitor-modelo. A pesquisa focalizou ainda as escolhas temáticas como o tratamento dado ao tema, a fim de verificar as concepções ideológicas subjacentes aos textos, os questionamentos frente às polêmicas sociais do nosso tempo, a inserção de crenças e mitos hegemônicos, os posicionamentos quanto a gênero, raça, minorias etc. Parte dos resultados dessa pesquisa estão publicados nos anais e CD da 29ª reunião anual da ANPEd.

Em 2003, o Grupo concluiu o projeto integrado de pesquisa (financiado pelo CNPq) *Letramento Literário no contexto da biblioteca escolar*, com os seguintes subprojetos: Produção infanto-juvenil: A interação entre texto escrito e imagem visual; A interação entre imagem e escrita em textos de crianças; Condições de mediação em bibliotecas e salas de leitura; Funcionamento da biblioteca escolar e sua relação com as escolhas de obras de ficção por jovens leitores; Leitura literária de alunos adultos sem acesso à biblioteca escolar. Esses subprojetos orientaram-se pelas práticas de promoção de leitura no interior da biblioteca escolar, ligadas às escolhas e modos de apropriação dos leitores das obras que constituem o acervo ao qual se tem acesso na escola. Entre as instâncias sociais de circulação de livros, destaca-se a biblioteca escolar, que adquire relevância em um país no qual as formas de acesso ao livro se restringem, para a grande maioria dos leitores, a esse espaço de formação. Esse projeto, portanto, em sintonia com as discussões atuais sobre formação de leitores, buscou respostas para questões levantadas no decorrer das atividades e pesquisas anteriores do GPELL, cujo olhar agora se volta para as práticas que se operam nesse espaço peculiar de circulação de livros de literatura. Boa parte dos resultados desta pesquisa são objetos dos textos de pesquisadores do grupo que compõem esta publicação.

Em resumo, até o momento, o grupo de literatura do CEALE da Faculdade de Educação da UFMG realizou cinco eventos, desenvolveu três projetos integrados de pesquisa, (além dos individuais) e, também, inúmeras dissertações e teses sobre literatura, leitura literária e formação de leitores, sob a responsabilidade de seus pesquisadores.

Como mencionei anteriormente, esse nosso grupo, de relativamente curta mas intensa trajetória, ancora seu trabalho nos seguintes propósitos: aprofundar a discussão sobre o letramento literário, enfatizando a importância do contraponto entre as três dimensões fundamentais à condição do letramento, a saber: ensino, pesquisa e políticas públicas de incentivo à leitura; focalizar múltiplas facetas do fenômeno da leitura literária em situações de uso social, entre os quais se encontram também a potencialidade dialógica das imagens, os novos modos de ler inaugurados pela tecnologia, as falas e sua relação com os textos escritos, entre outros aspectos que participam desse tipo de letramento; contribuir para o amplo debate sobre o letramento literário de crianças, jovens e adultos no Brasil, destacando a importância de aproximação entre ensino, pesquisa e políticas públicas, além de dar prosseguimento ao processo de consolidação dos trabalhos e pesquisas do GPELL, cuja produção pode ser acompanhada, em contínua articulação, pelos trabalhos, pesquisas e livros publicados no decorrer desses anos de atividades.

Assim, voltando à provocação feita por Magda Soares, apresentada no início deste texto, o grupo de literatura do CEALE tem procurado, por meio de pesquisas e ação educacional, intensificar a interlocução com nossos pares, sem perder de vista o nosso compromisso social e nossa obrigação ética de revelar, redimensionar e socializar nossos trabalhos com os diretamente envolvidos na realidade por nós investigada.

Publicações do grupo:

PAULINO, Graça (Org.). *O Jogo do Livro Infantil.* Belo Horizonte: Dimensão, 1997.

EVANGELISTA, Aracy Alves Martins; BRANDÃO, Heliana M.Brina; MACHADO, Zélia Versiani (Org.) *A Escolarização da Leitura Literária: o Jogo do Livro Infantil e Juvenil.* Belo Horizonte: Autêntica/CEALE, 1999.

PAIVA, Aparecida; MARTINS, Aracy; PAULINO, Graça; VERSIANI, Zélia (Org.). *No fim do século: a diversidade.* Belo Horizonte: Autêntica/CEALE, 2000.

PAIVA, Aparecida; MARTINS, Aracy; PAULINO, Graça; VERSIANI, Zélia (Orgs.). Literatura *e Letramento: espaços, suportes e interfaces.* Belo Horizonte: Autêntica, 2003.

Integrantes do grupo:

• Adelina Martins Mendes: Professora do Centro Pedagógico/UFMG e Mestre em Estudos Lingüísticos.

• Aracy Alves Martins Evangelista: Professora da FaE/UFMG. Doutora em Educação.

• Aparecida Paiva: Professora da FaE/UFMG . Doutora em Literatura Comparada.

- Carmem Lúcia Eiterer: Professora da FaE/UFMG. Doutora em Educação.
- Hércules Toledo Corrêa: Professor do UNIBH. Doutor em Educação.
- Marcelo Chiaretto: Professor da FALE e do COLTEC/UFMG e Doutor em Estudos Literários.
- Maria das Graças Rodrigues Paulino: Professora da FaE/UFMG. Doutora em Teoria Literária.
- Maria Zélia Versiani Machado: Doutora em Educação FaE/UFMG.
- Rildo Cosson: Professor da FaE/UFMG e Doutor em Literatura Comparada.
- Rodrigo Alvarez: Bolsista de extensão do GPELL.

LETRAMENTO LITERÁRIO NO CONTEXTO DA BIBLIOTECA ESCOLAR

Graça Paulino

O Grupo de Pesquisa do Letramento Literário do CEALE UFMG desenvolveu, de 2001 a 2003, um projeto integrado de pesquisa intitulado "Letramento Literário no Contexto da Biblioteca Escolar", com financiamento do CNPq. Tentarei sintetizar aqui alguns pressupostos teóricos e metodológicos dessa pesquisa, seu desenvolvimento e algumas de suas conclusões.

Os subprojetos se orientaram para as práticas de realização, mediação e promoção da leitura ligadas à biblioteca escolar, destacando escolhas e modos de apropriação pelos leitores das obras que constituem o acervo ao qual têm acesso na escola. Tiveram esses subprojetos como eixo norteador comum, portanto, a biblioteca escolar, espaço que propicia uma multiplicidade de enfoques e abordagens sobre o letramento literário, os quais ultrapassam o âmbito exclusivo da produção/recepção dos livros de literatura pelos sujeitos leitores, por se constituir como local de convergência de políticas públicas voltadas para a promoção da leitura.

Nesse sentido, um dos subprojetos, de Aparecida Paiva e Wellington Srbek, focalizou obras de literatura selecionadas para a composição de um acervo básico para crianças pela FNLIJ, Fundação Nacional do Livro Infantil e Juvenil, a pedido do Ministério da Educação e com recursos do FNDE – Fundo Nacional de Desenvolvimento da Educação – em 1999, como parte do Programa Nacional Biblioteca da Escola – PNBE. Quarenta e cinco mil escolas públicas receberam cento e dez títulos, cento e seis indicados por comissão de especialistas da FNLIJ e quatro indicados pelo Departamento de Educação Especial do MEC. De modo semelhante, as políticas de formação de leitores implícitas tanto nos acervos das bibliotecas escolares quanto nas práticas de leitura e de mediações que nelas, ou a partir delas, se efetuam percorrem também outros subprojetos desenvolvidos, pois os objetivos peculiares mantêm entre si uma estreita articulação.

Os objetos foram analisados segundo a perspectiva etnográfica da investigação qualitativa, através de procedimentos diversos como observação participante, entrevista de estrutura flexível, além de utilização de fontes primárias e bibliográficas. Para o campo das investigações do letramento literário, convém ressaltar, confluem outras áreas de conhecimento em diálogo com a Educação, especialmente os Estudos Literários, tanto na perspectiva sociológica quanto nas chamadas teorias da recepção.

O subprojeto *Produção Infanto-Juvenil: a interação entre texto escrito e imagem visual*, já referido, de Aparecida Paiva e Wellington Srbek, constitui um trabalho de caráter bibliográfico e de perspectiva semiótica, que teve como meta investigar as relações estabelecidas entre o texto escrito e a imagem visual em obras que constituem o acervo básico de bibliotecas escolares do País, optando pelo recorte apontado pela grande aquisição do MEC em 1999. Outro subprojeto, de Aracy Martins, se intitulou *Condições de mediação em bibliotecas e salas de leitura* e buscou focalizar o papel de mediadores de leitura que os profissionais contratados como auxiliares de biblioteca, incluindo na pesquisa também sua participação nos projetos interdisciplinares de formação de leitores em escolas da Rede Pública Municipal de Belo Horizonte. Por meio de estratégias de observação e registro de práticas de leitura escolares, o subprojeto *Funcionamento da biblioteca escolar e sua relação com as escolhas de obras de ficção por leitores jovens*, desenvolvido por Zélia Versiani, teve por meta investigar quais são as relações entre o modo de organização da biblioteca escolar, nos seus aspectos formais, conceituais e estruturais, e as escolhas operadas pelos alunos leitores, utilizando como instrumentos priorizados a entrevista e a observação, mas também a análise bibliográfica, no estudo de obras representativas dessas escolhas. O quinto subprojeto, *Letramento literário de alunos adultos com dificuldades de acesso à biblioteca escolar*, por mim desenvolvido, se ocupou, a partir de uma intervenção em escola da rede estadual, de verificar em que medida o acesso à biblioteca interfere no letramento literário dos alunos, utilizando procedimentos de pesquisa textual, num primeiro momento, e de experimentação, num segundo.

A visão do comércio editorial sobre a leitura literária juvenil e a história dos livros "sem tempo de estar" na biblioteca escolar, projeto desenvolvido por Marcelo Chiaretto, colocou, como foco de sua análise, os livros literários de forte apelo comercial disponibilizados pelas editoras para o público juvenil que se mostram como "sem tempo" para permanecer nas estantes da biblioteca escolar, pois são rapidamente retirados para uma leitura também rápida. Finalmente, o sétimo subprojeto, com o título *A Recepção pelas crianças de livros "difíceis"*, de Adelina Martins Mendes, teve como objetivo investigar se procede a propalada dificuldade que hoje teriam as crianças em compreender os textos de Monteiro Lobato, e sua possível disposição em buscar livros do autor na biblioteca da escola.

Voltemos ao projeto intitulado *A interação entre texto escrito e imagem visual*. Aparecida Paiva destaca, em seu Relatório, como foi importante voltar-se para uma reflexão pormenorizada sobre as linguagens da chamada *literatura infanto-juvenil*, que merece uma atenção especial por parte dos educadores e pesquisadores no campo da Educação.

Buscando superar os preconceitos que muitas vezes estigmatizam a produção voltada ao público infanto-juvenil (como "menor" ou mesmo "inferior"), a pesquisa desenvolvida partiu das especificidades estéticas dessa linguagem quando duplicada, visual e verbal, em situação de interação. Neste sentido, julgou-se necessário uma abordagem crítica das obras, visando analisar que valores e padrões culturais, que simbologias ou modelos estéticos elas reproduzem – tendo em vista que estes, consciente ou inconscientemente, influenciam na recepção.

Assim, a pesquisa partiu da constituição estética das obras, colocando em evidência a relação entre *texto escrito e imagem visual* – ou seja, se estas obras de literatura infanto-juvenil constituem, em sua produção e recepção, também *narrativas visuais* ou "simples textos ilustrados". Do total de 106 títulos, foram analisados pormenorizadamente 28, já que foram excluídos os paradidáticos, os que eram traduções e os que não tinham imagens. Embora a qualidade e adequação da linguagem visual constituísse um dos critérios de avaliação das obras literárias por especialistas, nessa parte do acervo analisada, ambas as situações (narrativas visuais/verbais e textos verbais apenas "ilustrados") foram encontradas, o que evidencia que a qualidade dessa relação intersemiótica não foi, às vezes, levada em consideração na escolha das obras adquiridas para as bibliotecas de 36 mil escolas públicas brasileiras. Outro dado relevante levantado pela pesquisa é o de que essa dotação de obras não envolveu também ações direcionadas para a mobilização de agentes envolvidos com o acervo, seja na seleção de títulos mais adequados às escolas, seja em seu comprometimento com a dinamização e uso do acervo. Ficou de fora dessa ação pública quem atua diretamente na mediação das leituras na biblioteca escolar.

Aproxima-se desta a constatação de Aracy Alves Martins, ao fim de sua pesquisa sobre os auxiliares de biblioteca da rede municipal de ensino de Belo Horizonte. Embora muitos deles tenham formação superior, não são chamados a participar ativamente dos projetos pedagógicos interdisciplinares.

Tratados como subalternos pelos professores, esses profissionais muitas vezes se sentem desrespeitados, não só dentro da escola onde trabalham, como também pelas autoridades educacionais que pouca atenção têm dado à sua formação continuada. Se alguns tomam, mesmo assim, iniciativas para dinamização do acervo e promoção da leitura literária, outros se limitam, defensivamente, a cumprir a função burocrática que deles o sistema assinala esperar.

Nas caracterizações do ambiente de trabalho feitas pelas auxiliares de biblioteca, a pesquisadora percebeu uma preocupação com a exigüidade de espaço e do acervo, com o arejamento, com a localização e com a grande quantidade de livros didáticos. Nas bibliotecas dos seus desejos, encontram-se não somente algumas compensações dos problemas enfrentados no dia-a-dia, mas também, e sobretudo, mostras de como a sua convivência e, provavelmente, os processos de formação pelos quais passaram apontam para outras perspectivas, tais como renovação do acervo com novidades do mercado; arena para contação de histórias e dramatizações; espaço mais bonito, mais agradável, mais confortável para leitura, com tapetes, almofadas, sofás e móbiles bonitos; trabalho integrado com os alunos, tanto na ambientação estética como na preservação do acervo; acesso à internet. Na fala de uma auxiliar de biblioteca, usada como epígrafe pela pesquisadora, fica claro que não deveria ser ignorada a força desses sonhos: "Quero mesmo é vender meu peixe, e meu peixe são os livros, é a literatura, é a informação".

Também lidou com representações do trabalho de profissionais de bibliotecas escolares a pesquisadora Zélia Versiani, ao analisar o funcionamento desses espaços culturais em sua relação com as escolhas de livros por leitores jovens. A pesquisa foi realizada em duas escolas de Belo Horizonte – uma pública e outra particular – que desenvolvem projeto de leitura literária. Depois de escolhidas as escolas, Versiani se aproximou do objeto de interesse da pesquisa, ou seja, dos modos de funcionamento da biblioteca que engendram modos de usos. Para isso, foram entrevistadas a bibliotecária da escola particular e a auxiliar de biblioteca da escola pública. Em seguida, a pesquisadora passou à análise do material coletado, na explicitação de procedimentos, concepções e ações presentes nos discursos sobre a literatura das duas mediadoras em questão. Os dados coletados na entrevista possibilitaram ainda o levantamento de algumas obras e gêneros que fazem parte dos acervos das bibliotecas. Posteriormente foram realizadas entrevistas com alguns alunos, usuários desses espaços escolares de leitura para mapeamento das preferências e escolhas (obras, autores e gêneros) e análise das relações entre essas escolhas e os modos de funcionamento observados anteriormente. Um aspecto relevante observado nessas entrevistas com as profissionais diz respeito à sua familiaridade com o universo de livros, autores, coleções, editoras, e os modos como se apresentam tais referências eletivas. As preferências e indicações revelam conhecimentos sobre a instituição literária, seus mecanismos de legitimação, suas categorias de valor, enfim, aspectos que essas profissionais pinçam dos discursos sociais que atravessam a cultura escolar e os assimilam. Espontaneamente, dados iam sendo colocados pela entrevistada da Escola particular, chegando, algumas vezes, a fazer supor um grau de aproximação entre ela e escritores (os mineiros dispensando sobrenome) ou editores. Essa deliberada inserção do sujeito no que se convencionou chamar "vida literária", própria da literatura como instituição, propiciada pelo retorno que a escola particular potencialmente apresenta ao mercado editorial, aparece também como consciência e índice de juízos de valor, e da legitimação das referências no campo da literatura infantil e juvenil. Entretanto, apoiando-se nos usos da literatura desprovidos de modelos teóricos de categorização, os livros da biblioteca da escola particular se agrupam por gêneros segundo critérios ecléticos: *textos de humor, de aventura, adoram aventura! de mistério, contos de assombração...*

modo de organização que indica o quanto o *fazer* se antecipa ao *saber* naquele espaço de formação de leitores, onde as mediações encontram-se também elas em processo de formação. A auxiliar de biblioteca da escola pública fez, no seu relato, menos menções a livros e autores, limitando-se a citar alguns clássicos da literatura ou algumas obras da literatura para jovens, apenas quando solicitada. No que concerne a uma *atitude crítica* a respeito do acervo, observa-se, na biblioteca da escola particular, um investimento em manifestações de apreço ou de recusa, altamente prescritivo, e, na biblioteca da escola pública, uma absoluta aceitação da leitura como um bem em si, ficando o trabalho do profissional restrito a atividades de organização e de controle do funcionamento.

Segundo a pesquisadora, duas direções parecem estar bem caracterizadas nos modos de organização e nas seleções dos livros que tais modos exigem. Um sobre o qual o sujeito mediador faz um agudo investimento crítico, de filtragem e orientação, cujo resultado final será dado aos alunos como acervo; outro que se apresenta aos alunos em estado bruto, não sendo submetido a algum tipo de processo seletivo que pré-oriente as escolhas das leituras. A pesquisadora conclui que, se, por um lado, pode haver a ocorrência de perdas quando um *impressionismo crítico* acentuado é fator de censura e redução potencial do quadro que representa a produção literária destinada a crianças e jovens, caso não existam em jogo outros sujeitos participantes do processo de mediação de leituras na esfera escolar, por outro, a ausência de indicadores de qualidade podem afastar definitivamente os potenciais leitores da literatura, quando eles se frustram em suas tentativas de escolhas.

Os dados ligados às leituras dos alunos foram organizados por Zélia Versiani em função das disposições para a leitura literária que se configuravam nas suas falas e permitiram perceber o quanto alguns dependem das práticas escolares de leitura. Desprovidos de um *aparato teórico*, como noções de gênero, de estruturação, de elementos da narrativa, restringem-se suas possibilidades de trocas com outros sujeitos leitores na escola. Isso indica que esses alunos encontram-se num ponto limite entre a apropriação e a exclusão da modalidade literária de leitura, pois convivem na sala de aula, mas não partilham modos de apropriação da literatura. Tais dados apontam a importância das mediações escolares de leitura, que devem considerar as diferenças da comunidade e se movimentar para atenderem ao mais variado leque de leitores em processo de formação, pois estes podem se afastar definitivamente dos textos literários quando saem da escola, por não conseguirem dar o salto que é o da partilha consciente e crítica.

O subprojeto do pesquisador Marcelo Chiaretto se voltou para a análise da visão do comércio editorial sobre a leitura de jovens. Partindo da preocupação crítica com a aquisição de editoras brasileiras de vasto público infanto-juvenil por grupos editoriais estrangeiros, ele se detém, como exemplos, nos casos das editoras Ática e Scipione, que são administradas hoje por grupos comerciais europeus, conforme métodos ditados pelo mercado, a fim de vender determinados livros divulgados como "literários". Uma significativa ênfase é firmada no texto literário produtor de leituras acessíveis, fáceis, e capaz de agradar a todos. Compreendendo a era moderna como a era da técnica e da velocidade, regida pela lógica onipotente do mercado, o pesquisador observa que tais editoras trabalham conforme uma programação organizada, de caráter aparentemente civilizatório, cuja entrada se viu facilitada pelos temas transversais dos PCNs. Alguns procedimentos passam a ser desenvolvidos pelas editoras, confundindo letramento literário com letramento funcional, prática esta que não rege textos literários, mas, sim, textos informativos e técnicos. Em outras palavras, grandes grupos editoriais estrangeiros lograram estabelecer uma leitura instrumental, objetiva, eficiente, para um texto que se assume na ficha catalográfica e nas resenhas publicitárias como literário.

Dentre essas estratégias, nota-se à primeira vista a publicação maciça de livros com aproximadamente cem, no máximo cento e vinte páginas. Há mesmo aqueles que chegam a 56 páginas (*Aids: e agora?* de Luiz Cláudio Cardoso, (Scipione); *Hans Wolff*, de Dina Leão, (mesma editora); *O milagre de cada dia*, de Giselda Nicolelis, (mesma editora) e outros. Os textos são predominantemente montados em forma de diálogos, com histórias de ação e de mistério baseadas em tramas novelescas e maniqueístas, sem densidade significativa. Alguns títulos: *O rapto de Sabino; As múltiplas vidas do Dr. Gaspar; Estranhas luzes no bosque; O fantasma da torre; O enigma do pássaro de pedra*. Os temas sociais, por seu lado, perdem seu teor ideológico e são vistos, na maioria das vezes, de forma segmentada e caricatural, com dramas calculados, de fácil resolução, e com desenvolvimentos distantes da realidade. Os PCNs são a nova referência, "por representarem uma tendência dominante no âmbito do ensino, com repercussões na difusão da literatura e no processo de introdução à obra literária", como bem informa Regina Zilberman (2001, p. 81).

Daí, para que funcionem como um lastro na legitimação e valorização de certos livros, faz-se a partir dos PCNs uma grade de temas transversais em que todo livro encontra seu lugar. Scipione, Ática e Atual, em seus catálogos de paradidáticos juvenis, divulgam enormes listas divididas por temas sociais indicados pelos PCNs. Na realidade, o que se percebe são livros classificados "à força" conforme temas transversais, como pluralidade cultural, ética, meio-ambiente, trabalho e consumo. Como exemplos, percebe-se o livro de Pedro Bandeira *Prova de Fogo* (Ática) inserido no Tema Saúde por ter entre seus personagens um jovem deficiente; *Aventura no Império do Sol*, de Silvia Cintra Franco (Ática), relata um seqüestro em meio ao mistério, sendo colocado então no tema ética; *As aventuras de Huckleberry Finn*, de Mark Twain (Ática), está no tema meio ambiente, o que reduz uma narrativa rica em temáticas sociais e culturais a um tema quase vazio, por valer para qualquer caracterização. Da mesma forma, a importante e necessária obra *Os ratos*, de Dyonélio Machado (Ática), não é colocada em algum tema transversal, talvez por sua visão ser contestadora e atual demais para jovens que devem se interessar por conflitos mais superficiais, em vista da necessária diversão. O catálogo da editora Atual de 1999 segue a mesma prática. *Noite na Taverna*, um conjunto de contos baseados no complexo conto homônimo de Álvares de Azevedo, está inserido em ética, enquanto a bela seleção de contos iniciada por *As cerejas*, de Lygia Fagundes Telles, recebe também um encargo estranho e simplificador. Deixando de lado a temática pertinente trazida pelo conto, qual seja, a confusão entre sentir e pensar no encontro com o outro, tal seleção passa a ostentar o tema de orientação sexual.

O pesquisador nota que os temas transversais são abordados de forma pouco significativa do ponto de vista social. Ética, por exemplo, passa a estar presente em toda narrativa, funcionando como um receptáculo imenso em que são jogados os livros que parecem não caber em outro tema. O mais preocupante, de acordo com as reflexões levantadas pela pesquisa, é que tais livros não param nas estantes, isto é, os jovens leitores estão deixando de dedicar seu tempo a textos literários que lhes permitiriam aprofundar-se em questões sociais e existenciais, sem solução fácil e rápida.

A pesquisa de Adelina Martins Mendes sobre a leitura de textos considerados difíceis revela, por outro ângulo, o quanto essa categoria está sendo construída de modo a falsear e diminuir os poderes dos pequenos leitores. A partir do desafio de um debate entre editores sobre a necessidade ou não de se adaptarem hoje as obras de Monteiro Lobato, já que as crianças não mais as entenderiam, a pesquisadora leu, com seus alunos de 2ª série do ensino fundamental, o livro *A chave do tamanho*, acompanhando e anotando as manifestações das crianças. Após algumas sessões de leitura elas já se revelaram não só boas entendedoras do texto, como também procuraram na biblioteca o livro para poder lê-lo em casa, antecipando-se à divisão escolar do tempo de leitura. Acompanhando, no semestre seguinte, a freqüência desses alunos à biblioteca e suas leituras, a pesquisadora comprovou que Monteiro Lobato continuava sendo lido com o mesmo ritmo e entusiasmo.

Quanto ao meu subprojeto, caracteriza-se por trabalhar com alunos jovens e adultos, numa abordagem qualitativa do letramento literário. Com dados coletados por observação direta de uma sala de aula do Ensino Médio, numa escola da rede estadual de Minas Gerais, foi realizada uma seleção de contos, dentre os melhores do século XX, e estes foram apresentados aos alunos em edição especial e limitada. As leituras foram realizadas sem cobrança alguma. Enquanto se desenvolvia essa atividade, a biblioteca da escola foi analisada e o acervo foi objeto de minucioso levantamento, pois os livros se achavam amontoados e sem registro organizado. Tratava-se de um riquíssimo acervo de literatura brasileira e estrangeira, ao qual os alunos não tinham acesso por desconhecimento. Eles puderam também escolher livros de sua preferência para leitura voluntária. A turma tinha 35 alunos, dentre os quais 30 quiseram participar das primeiras leituras e 17 quiseram escolher livros para compra. Tais livros foram lidos durante as férias e doados posteriormente à biblioteca da escola para que outros leitores pudessem conhecê-los. Entretanto, o trabalho de intervenção nessa escola não cessou, pois o objetivo é que a biblioteca possa desempenhar sua função de mediadora na formação de leitores literários. O objetivo de uma nova intervenção, durante o ano letivo de 2004, é que a apresentação do acervo se transforme e se torne acessível aos alunos nele interessados. Serão feitas resenhas de livros para um mural, e os alunos que lerem alguma obra serão convidados a comentá-la para os colegas.

A conclusão geral que se estabelece a partir dessa grande pesquisa, financiada pelo CNPq e realizada com a infra-estrutura do CEALE, é de caráter participativo. A Universidade não pode teorizar sobre letramento, sem conhecer condições específicas da Educação Básica. Há aspectos locais que podem definir o direcionamento do processo de formação de leitores, e só a intervenção direta pode, com o devido respeito aos profissionais da própria escola, transformar em parte essa realidade por eles vivida cotidianamente com seus alunos.

O JOGO DA LEITURA EM PESQUISA: CAMINHOS PSICOLINGÜÍSTICOS

Vera Wannmacher Pereira

Situando o jogo

O Programa de Pós-Graduação em Letras da PUCRS é constituído de duas áreas de concentração: Lingüística Aplicada e Teoria da Literatura.

Na área de Lingüística Aplicada, são desenvolvidas linhas de pesquisa que focalizam a análise e a descrição de sistemas lingüísticos, a aquisição e o desenvolvimento da linguagem, a lógica e a linguagem natural, o social na linguagem, a variação lingüística e o bilingüismo e os processos cognitivos da linguagem.

Através da linha de pesquisa denominada "Processos Cognitivos da Linguagem e Conexionismo", fundada no Centro de Pesquisas Lingüísticas – CEPLIN, são desenvolvidos estudos e pesquisas que focalizam predominantemente tópicos da leitura do ponto de vista da Psicolingüística. Nesta linha, que está também aberta a vínculos com áreas do conhecimento que contribuem para a melhor explicitação dos processos de leitura e de suas relações com a produção escritora, como está exposto a seguir, situa-se este artigo que tem como objetivo socializar alguns desses estudos desenvolvidos e em desenvolvimento, especialmente pelo Centro de Referência para o Desenvolvimento da Linguagem – CELIN.

Propondo o jogo

A linha de pesquisa Processos Cognitivos da Linguagem e Conexionismo vem abrigando predominantemente pesquisas sobre a leitura, que, por sua vez, são favoráveis à interação com diferentes modelos de análise lingüística – Lingüística do Texto, Teoria da Enunciação, Análise do Discurso, Aquisição da Linguagem, Sintaxe Funcional, Variação Lingüística – e voltam seu olhar para os diferentes planos constitutivos da língua – Fonologia, Morfologia, Sintaxe, Semântica e Pragmática. Supõem também contato com outras áreas do conhecimento – Ciências Cognitivas, Psicologia, Neurologia, Informática. Propiciam ainda o estabelecimento de importantes vínculos com a Teoria da Literatura. Essas interações decorrem da natureza do paradigma psicolingüístico eleito.

Três são os paradigmas que estão associados a essa linha de pesquisa. Descritos sucessivamente na linha do tempo, diferenciam-se quanto às suas possibilidades de explicar o aprendizado, os processos psicolingüísticos de leitura e escrita, estando nessas diferenças a importância de todos. Uma análise atenta desses paradigmas permite perceber também pontos convergentes de grande relevância.

O paradigma comportamentalista fundamenta-se na aquisição do conhecimento a partir da experiência. Isso significa que o cérebro humano recebe estímulos e dá respostas a eles. Não existe a mente, apenas um órgão biológico com possibilidades de receber estímulos e responder a eles. Desse modo, o aprendizado está associado à repetição dessas relações, sendo que aprender consiste em responder a estímulos. As hipóteses de pesquisas fundamentadas no paradigma behaviorista são examinadas e avaliadas apenas do ponto de visto externo, excluindo aspectos do funcionamento interno do aprendizado. No caso da leitura como objeto de investigação, os dados obtidos permitem examinar os efeitos decorrentes de um estímulo, mas não possibilitam compreender os processos cognitivos desenvolvidos pelo leitor.

O paradigma simbólico assume a existência do cérebro, substância física, e da mente, entidade abstrata, formulando hipóteses sobre o que ocorre entre o estímulo e a resposta, sobre o funcionamento interno do aprendizado. Isso significa que as experiências recebidas recebem uma representação mental, sendo de grande importância a natureza do estímulo e não propriamente a sua repetição. Nesse entendimento, aprender consiste em representar na mente, em simbolizar as experiências que o mundo proporciona. As pesquisas na área da leitura que têm como referência o paradigma simbólico permitem obter explicações sobre os processos cognitivos utilizados pelo leitor em determinada situação, mas não explicam como são gerados, como são estabelecidas as conexões.

Segundo o paradigma conexionista, há uma rede neuronial que se conecta internamente, através de processos eletroquímicos, situando-se como fundamental o conceito de sinapse. Desse modo, não há representações fixas, definitivas, pois a mudança continuada de experiências gera também modificações nessas representações. Segundo esse paradigma, as experiências são engramadas *ad hoc* no cérebro. Desse modo, a aprendizagem consiste na continuada alteração de sinapses e engramações, o que ocorre a cada nova experiência e se distribui por toda a rede. Nesse entendimento, ganha especial espaço para estudo a emoção. Através do paradigma conexionista, as pesquisas que investigam a leitura permitem, diante dos dados obtidos, a explicitação das conexões processadas pelo leitor.

Abrindo o jogo

Podem ser destacados, nessa linha de pesquisa, alguns trabalhos de mestrado e doutorado, na medida em que trazem algumas contribuições sobre pontos fundamentais da leitura, como: compreensão leitora e inteligência; compreensão leitora e tipos de textos; procedimento *cloze* como indiciador de conhecimento prévio e como instrumento metacognitivo de avaliação da compreensão leitora: emoção, leitura e memória.

Associados especificamente ao CELIN, cabe citar alguns trabalhos de mestrado desenvolvidos por bolsistas: compreensão leitora e processamento auditivo central; estratégias de leitura centradas no léxico e compreensão leitora de L2; compreensão leitora de alunos do Ensino Médio, representações dos professores e boletim escolar; conhecimento da superestrutura argumentativa e compreensão leitora; influência dos elementos contextualizadores na compreensão leitora; e predição de vocábulos em associação por contigüidade e conhecimento prévio.

Desenvolvidas diretamente pelo CELIN, podem ser apontadas três pesquisas, considerando as contribuições para a explicitação dos temas desenvolvidos e para o uso no espaço escolar.

Aprendizado da leitura e da escrita através do computador por alunos do Ensino Fundamental – ALEC vem se realizando através da disciplina de Língua Portuguesa III do Curso de Letras, que tem como eixo temático o texto e o discurso, portanto, a leitura e a escrita.

Do ponto de vista teórico, o projeto está assentado no paradigma simbólico, nos estudos cognitivistas sobre o aprendizado em geral, na construção do processo de leitura e do processo de escrita e nas relações entre o computador e o aprendizado da leitura. Entre os diversos conceitos, é assumido o de leitura como processo cognitivo e, dentro dessa acepção, ler significa fazer e testar hipóteses sobre o conteúdo, por meio de estratégias cognitivas e metacognitivas de leitura, especialmente no que se refere às regras de coerência e coesão textual.

É objetivo pedagógico do trabalho contribuir para a melhoria do desempenho em leitura e escrita de alunos de 5ª e 6ª séries e para o preparo profissional dos acadêmicos de Letras. No que se refere à pesquisa, é objetivo do projeto investigar os benefícios do trabalho, comparando resultados de pré e pós-testes de leitura e escrita dos escolares e analisando os resultados e a satisfação dos acadêmicos.

Constituem-se em questões norteadoras da pesquisa: em que medida o trabalho pedagógico, com processos de leitura através do computador, assentado no uso de regras de coerência e coesão, influencia a compreensão leitora dos sujeitos (alunos)? Em que medida o trabalho pedagógico, com processos de leitura através do computador, assentado no uso de regras de coerência e coesão, influencia a produção escritora dos sujeitos (alunos)? Quais as percepções dos sujeitos (alunos) sobre o trabalho realizado? Quais os benefícios para os acadêmicos (monitores) de um ensino que associa teoria e prática, Universidade e comunidade, conhecimento acadêmico e conhecimento escolar, pesquisa e ensino?

Do ponto de vista metodológico, o trabalho está apoiado no CD *Estratégias de Leitura*, que é constituído de 42 atividades programadas no Everest, abrangendo quatro meta-regras de coerência textual (manutenção temática, progressão temática, ausência de contradição interna e relação com o mundo), quatro regras de coesão lexical (repetição de item, sinonímia, superordenado e associação por contigüidade) e cinco regras de coesão gramatical (referência pessoal, referência demonstrativa, substituição, elipse e conjunção). Realiza-se através de um conjunto de ações que se repetem e se renovam a cada semestre: preparo dos acadêmicos (desenvolvimento de estudos teóricos, treinamento na aplicação do CD); recepção dos alunos das escolas; aplicação dos pré-testes de leitura e escrita nos alunos; realização das atividades do CD pelos alunos monitorados pelos acadêmicos; aplicação dos pós-testes de leitura e escrita nos alunos; análise dos dados; seminário de fechamento.

Constituem-se em resultados do trabalho o produto tecnológico (CD Estratégias de Leitura), a melhoria do desempenho dos alunos em leitura e escrita, o redimensionamento da disciplina que se constitui em âncora do projeto, a antecipação do preparo profissional dos acadêmicos, o bom desempenho desses na disciplina e o elevado nível de satisfação dos participantes.

Avaliação da compreensão leitora de alunos do Ensino Médio – escores em correlação – ACOL, em desenvolvimento desde março de 2003, é movido pela necessidade de busca de soluções para as dificuldades de leitura no Ensino Médio. Baseada no paradigma simbólico, a pesquisa consiste em investigar, ao mesmo tempo, as condições de compreensão leitora de alunos das três séries do Ensino Médio, por meio de diferentes tipos de testes, verificar a evolução das condições de leitura na evolução das séries escolares e investigar as correlações entre os diferentes tipos de testes.

Constituem-se em questões de pesquisa: quais os escores de compreensão leitora de alunos do Ensino Médio obtidos através de diferentes tipos de teste de compreensão leitora? Quais as diferenças de escores de compreensão leitora de alunos de diferentes séries do Ensino Médio? Como se correlacionam os escores de compreensão leitora de alunos do Ensino Médio obtidos por meio de diferentes tipos de teste de compreensão leitora? Como se correlacionam diferentes tipos de teste de compreensão leitora no que se refere aos escores de compreensão leitora obtidos por alunos do Ensino Médio?

A pesquisa abrange 150 sujeitos de cada série do Ensino Médio, cabendo a cada grupo de 30 sujeitos responder a um dos tipos de teste, elaborados a partir de um texto informativo jornalístico sobre tema de interesse desses respondentes: Teste *Cloze* – elaborado a partir do método de apagamento randômico, com 50 lacunas; Teste Resumo – constituído de uma questão de solicitação de resumo do texto oferecido; Teste Múltipla Escolha – organizado a partir das idéias principais do texto, totalizando oito questões com quatro alternativas de resposta; Teste Verdadeiro ou Falso – construído, assim como o Múltipla Escolha, a partir das idéias centrais do texto, com oito questões, cabendo ao sujeito assinalar V (Verdadeiro) ou F (Falso); Teste Questionário – constituído de 8 questões, associadas às questões F/V.

As aplicações já realizadas em situação piloto estão a indicar a confirmação do caminho de pesquisa previsto.

Alfabetização: a leitura no fio da história – ALFALHI, desenvolvido em 2001, 2002 e 2003, tem como tema o lugar da leitura na história da alfabetização, como direção teórica, o processamento cognitivo de leitura no trabalho pedagógico do ler e do escrever (paradigma simbólico) e, como direção metodológica, a investigação, a constituição e a disponibilização cultural, científica e pedagógica de um acervo de documentos, materiais e procedimentos de alfabetização que expressem o lugar da leitura e possam ser encontrados no fio da história – Acervo de Alfabetização (AALFA), cujo endereço é o CELIN.

Com essa configuração, o problema de pesquisa está na busca de resposta à seguinte questão: "Como proceder ao resgate histórico do lugar da leitura na alfabetização?"

A construção da resposta a essa indagação geral está vinculada a uma organização metodológica em segmentos que coexistem e se interpenetram: a) segmento banco de materiais bibliográficos; b) segmento banco de depoimentos; c) segmento banco de materiais reais e virtuais lingüístico-pedagógicos de alfabetização com ênfase nos processamentos cognitivos de leitura; d) segmento acesso de professores e pesquisadores ao AALFA; e) segmento acesso de alunos em alfabetização ao AALFA.

Os procedimentos de organização do acervo, que desdobram os segmentos acima indicados, estão relacionados à aplicação dos instrumentos de pesquisa. Os procedimentos de uso do acervo estão relacionados à constituição dos instrumentos pedagógicos. Desse modo, a instituição e a implantação do AALFA consistem em trabalho de duas vias – a investigativa e a pedagógica, que se interpenetram continuadamente.

A linha investigativa caracteriza-se pela coleta de informações que, registradas em vídeo, em áudio ou por escrito, propiciam sua inclusão no acervo, como documentos a serem utilizados por consulentes individuais ou por grupos de consulentes, previamente agendados.

Constituem-se em sujeitos da pesquisa pessoas com vivência de diferentes processos de alfabetização: professores alfabetizadores representativos de diferentes momentos da história dos processos de alfabetização; pessoas (adultos) da comunidade alfabetizadas em diferentes momentos da história desses processos; crianças e adolescentes já alfabetizados; pais de alunos cujos filhos estejam sendo alfabetizados; crianças e adolescentes em alfabetização; professores em trabalho de alfabetização; pessoas e instituições da comunidade que dispõem de diferentes documentos, livros técnicos e cartilhas com temáticas de alfabetização.

As informações que constituem o acervo decorrem da aplicação de instrumentos de pesquisa: roteiros de gravação em vídeo, em áudio ou por escrito de depoimentos de professores, alunos, pais de alunos; carta documentada dirigida a instituições da comunidade, solicitando participação na constituição do AALFA; roteiros de catalogação de cartilhas, livros científicos e gravações.

A linha pedagógica resultante e constantemente acompanhada pela investigativa caracteriza-se pela disponibilização do acervo a professores, através de oficinas, pequenos cursos, jornadas e seminários, e a alunos, através de atendimentos individualizados, com vistas à superação de dificuldades específicas, a partir de indicações de escolas cadastradas no acervo.

Iniciado efetivamente em agosto de 2001, já integram o acervo documentos, depoimentos, fotografias, boletins escolares, livros científicos resenhados, cartilhas de todas as épocas catalogadas, materiais didáticos reais e virtuais (programados no Everest) especialmente construídos para o AALFA.

Em continuidade ao Projeto ALFALHI, está sendo desencadeado o *Projeto Jogos de leitura (alfabetização) para o computador: produção, aplicação e investigação*. Com os mesmos pressupostos teóricos, tem como objetivos: caracterizar jogos de alfabetização (para o computador) com ênfase nos processos cognitivos de leitura; produzir e gerar jogos de alfabetização para o computador; desenvolver oficinas com crianças com dificuldades de alfabetização, utilizando os jogos gerados; investigar a contribuição desses jogos para a superação de dificuldades de alfabetização.

Preditibilidade – uma estratégia de leitura nas séries iniciais e *Preditibilidade – procedimentos utilizados por crianças de séries iniciais e escores de compreensão leitora e produção escritora – PRELE* são projetos complementares. Situados nos paradigmas simbólico e conexionista, têm como objetivo geral investigar os procedimentos de preditibilidade usados por 24 crianças de séries iniciais na leitura dos planos constitutivos da língua (fônico, mórfico, sintático, semântico e pragmático), os efeitos de um trabalho lingüístico-pedagógico (gerado através do *software* Macromedia Flash), com eixo nesses procedimentos, nos escores de compreensão leitora e produção escritora desses sujeitos, bem como as relações entre esses procedimentos e as variáveis série escolar (3^a e 4^a) e tipo de escola (pública e particular).

Consiste em instrumento de pesquisa e ensino o material lingüístico-pedagógico, previsto para 20h de trabalho, constituído de 25 atividades, sendo 5 para cada plano da língua. Tais atividades caracterizam-se pelo uso da preditibilidade como estratégia leitora, explorando os diversos níveis constitutivos da linguagem – fônico, morfológico, sintático, semântico e pragmático.

Para o trabalho de investigação especificamente, a pesquisa utiliza:

• Ficha de dados de identificação dos sujeitos da amostra – em que são lançados os dados dos sujeitos da pesquisa: nome, idade, sexo, série escolar, professor, escola.

• Ficha de acompanhamento dos procedimentos de preditibilidade utilizados pelos alunos, por meio de suas verbalizações – que possibilita acompanhar o desenvolvimento de cada atividade, explicitando o processo desenvolvido pelo aluno: atividade realizada, tempo dispendido, resultado obtido, procedimentos (tipos e freqüência) de uso da estratégia de preditibilidade. O registro é feito a partir das verbalizações dos sujeitos estimuladas pelos monitores (alunos de LPII) treinados para esse fim.

• Procedimento virtual de registro de procedimentos de preditibilidade – que, programado no Macromedia Flash, permite o registro dos cliques e arrastes do *mouse*, associados ao tempo dispendido.

• Webcam – que fotografa cada sujeito durante a realização das atividades no computador.

• Testes de compreensão leitora – que são organizados com o mesmo tipo de texto e a estrutura dominante nas atividades e em todos os planos lingüísticos, em sistema de pré e pós-teste.

• Testes de produção escritora – que se caracterizam por, em sistema de pré e pós-teste, centrarem-se em textos do mesmo tipo dos textos utilizados nos testes de compreensão leitora.

Os procedimentos de análise estão relacionados aos tipos de dados coletados. As verbalizações dos alunos são analisadas tomando como referência o suporte teórico e o roteiro utilizado pelos monitores. Os testes de compreensão oral são analisados por meio do levantamento de acertos com base em chave de respostas exatas, conforme texto original. Os testes de produção escritora são analisados com base em roteiro de correção contendo critérios de coerência e coesão. A análise das hipóteses é orientada por tratamentos estatísticos pertinentes: Teste T Student e Teste de Correlação de Pearson.

"Balançando" o jogo

Os estudos psicolingüísticos desenvolvidos e em desenvolvimento, aqui brevemente relatados, trazem contribuição em duas direções – no avanço da área de conhecimento e na aplicação pedagógica – sendo precisamente tal contribuição que lhes dá razão e densidade.

Quanto à primeira direção, é preciso salientar que os estudos que permitem definir com clareza o paradigma que os acolhe contribuem para definições mais claras dos próprios paradigmas – suas contribuições e suas finitudes. Salienta-se também o fato de que os estudos que, insatisfeitos com explicações disciplinares e com ênfase no exterior, buscam mergulhar no interior dos processos e encontrar explicações multidisciplinares são exatamente os que produzem rupturas e constroem conhecimentos promotores de superações significativas. Esse é o movimento que marca os estudos aqui relatados.

Também nessa direção, os temas de estudo merecem registro. Cabe salientar o esforço de desvendamento do processo de leitura que está presente na busca de relações da compreensão leitora com diferentes tópicos lingüísticos. Tais relações, na medida em que são expostas, contribuem significativamente para o aprofundamento da questão central (processo de leitura) e das questões associadas (tipo de texto, superestrutura, estrutura lingüística, processamento central, emoção).

Ainda nessa primeira direção, cabe uma referência especial ao refinamento dos procedimentos e instrumentos de investigação. O exame do poder avaliativo de instrumentos freqüentemente utilizados (questionário, múltipla escolha, falso ou verdadeiro, resumo, *cloze*) pode conferir-lhes novo estatuto. Também o uso do próprio computador e da *webcam* como instrumentos investigativos pode abrir perspectivas de pesquisa associadoras da ciência e da tecnologia.

Em relação à segunda direção, é oportuno o registro de que desenvolver estudos que exigem interação entre pesquisa e ensino contribui para o avanço da academia e da escola, beneficiando-se a ciência e o ensino, a teoria e a prática, e os pesquisadores, os professores e os alunos.

Considerando as temáticas de pesquisa, há que referir que é importante que a escola volte seu olhar para aquelas que, embora não sendo de natureza didática, contribuem para a melhoria dos processos de ensino, na medida em que oferecem explicações nítidas dos seus funcionamentos. É natural que as temáticas mais diretamente dirigidas disponibilizem contribuições para uso mais imediato, como, por exemplo, avaliações sobre as condições de leitura da população estudantil e sobre instrumentos possíveis ao alcance do professor.

Ainda nessa segunda direção, as pesquisas que resultam em materiais didáticos inegavelmente são as que podem oferecer contribuições mais rápidas para inserção no espaço escolar, como por exemplo, estratégias de leitura computadorizadas e jogos de leitura para alfabetização, utilizando também o computador.

Certamente, tanto na primeira como na segunda direção, há que serem desenvolvidos procedimentos de associação teoria-prática de modo que a academia e a escola desenvolvam, com muita consistência e em grande harmonia, ações em que o jogo da leitura tenha garantido o indispensável espaço de pesquisa-ensino.

Fechando o jogo

O Centro de Referência para o Desenvolvimento da Linguagem – CELIN, que abriga as pesquisas brevemente relatadas neste artigo, encontra-se disponível para contato com escolas, instituições de pesquisa e instituições de ensino superior. Isso significa que está aberto para visitas, para fornecimento de informações, para intercâmbio de conhecimentos e de produções realizadas, enfim para ações que contribuam para a socialização do jogo da leitura em pesquisa ou da pesquisa da leitura que está em jogo.

Referências

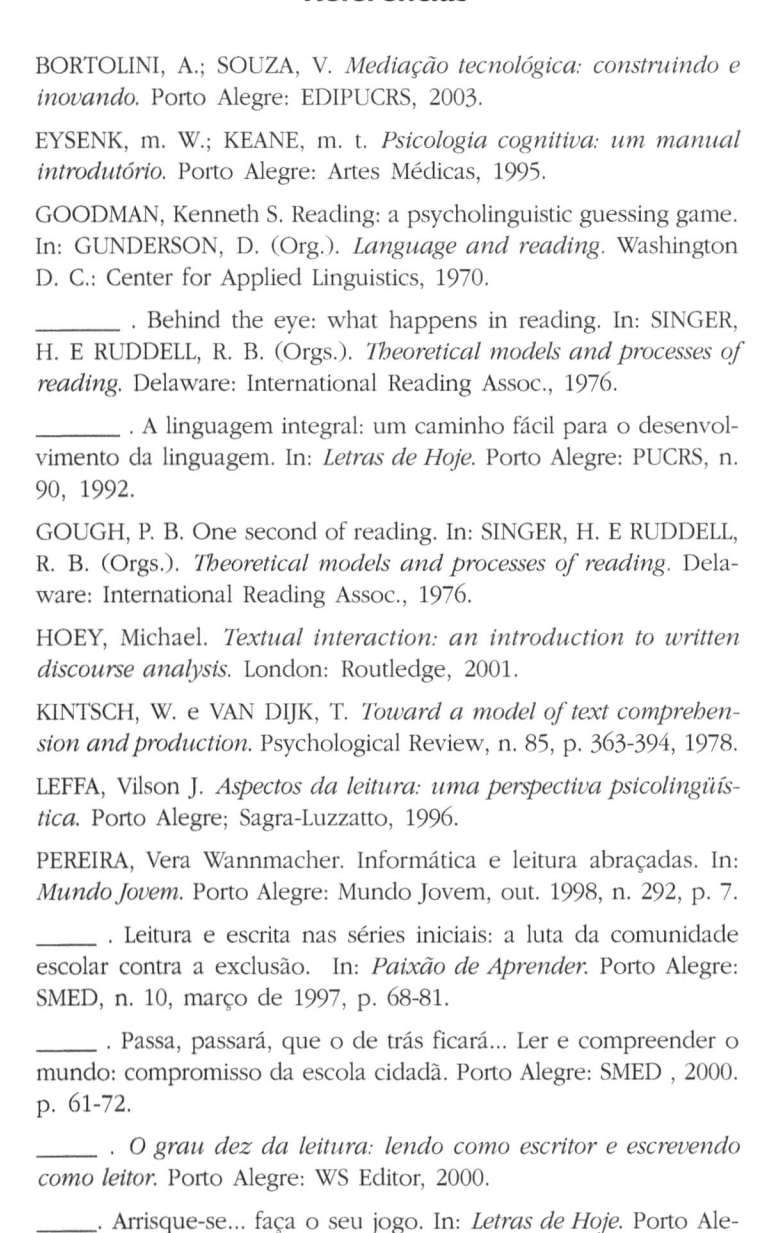

BORTOLINI, A.; SOUZA, V. *Mediação tecnológica: construindo e inovando*. Porto Alegre: EDIPUCRS, 2003.

EYSENK, m. W.; KEANE, m. t. *Psicologia cognitiva: um manual introdutório*. Porto Alegre: Artes Médicas, 1995.

GOODMAN, Kenneth S. Reading: a psycholinguistic guessing game. In: GUNDERSON, D. (Org.). *Language and reading*. Washington D. C.: Center for Applied Linguistics, 1970.

_____ . Behind the eye: what happens in reading. In: SINGER, H. E RUDDELL, R. B. (Orgs.). *Theoretical models and processes of reading*. Delaware: International Reading Assoc., 1976.

_____ . A linguagem integral: um caminho fácil para o desenvolvimento da linguagem. In: *Letras de Hoje*. Porto Alegre: PUCRS, n. 90, 1992.

GOUGH, P. B. One second of reading. In: SINGER, H. E RUDDELL, R. B. (Orgs.). *Theoretical models and processes of reading*. Delaware: International Reading Assoc., 1976.

HOEY, Michael. *Textual interaction: an introduction to written discourse analysis*. London: Routledge, 2001.

KINTSCH, W. e VAN DIJK, T. *Toward a model of text comprehension and production*. Psychological Review, n. 85, p. 363-394, 1978.

LEFFA, Vilson J. *Aspectos da leitura: uma perspectiva psicolingüística*. Porto Alegre; Sagra-Luzzatto, 1996.

PEREIRA, Vera Wannmacher. Informática e leitura abraçadas. In: *Mundo Jovem*. Porto Alegre: Mundo Jovem, out. 1998, n. 292, p. 7.

_____ . Leitura e escrita nas séries iniciais: a luta da comunidade escolar contra a exclusão. In: *Paixão de Aprender*. Porto Alegre: SMED, n. 10, março de 1997, p. 68-81.

_____ . Passa, passará, que o de trás ficará... Ler e compreender o mundo: compromisso da escola cidadã. Porto Alegre: SMED , 2000. p. 61-72.

_____ . *O grau dez da leitura: lendo como escritor e escrevendo como leitor*. Porto Alegre: WS Editor, 2000.

_____. Arrisque-se... faça o seu jogo. In: *Letras de Hoje*. Porto Alegre: EDIPUCRS, n. 128, jun. 2002.

____. Preditibilidade nas séries iniciais: materiais e procedimentos de leitura. In: *Letras de Hoje*, n. 133. Porto Alegre: EDIPUCRS, set. 2003.

____ (Org.). *Aprendizado da leitura: ciência e literatura no fio da história.* Porto Alegre: EDIPUCRS, 2002.

____. Alfabetização: a leitura no fio da história. In: PEREIRA, V. W. (Org.). *Aprendizado da leitura: ciência e literatura no fio da história.* Porto Alegre: EDIPUCRS, 2002.

____. ANTUNES, C. Novas linguagens em leitura. In: BORTOLINI, A.; SOUZA, V. *Mediação tecnológica: construindo e inovando.* Porto Alegre: EDIPUCRS, 2003. p. 419-440.

PLUNKETT, K. Connectionist approaches to language acquisition. In: FLETCHER, P.; Machinery, B. (eds). *The handbook of children language.* Oxford: Blackwell, 1995.

POERSCH, José Marcelino e SCHNEIDER, Mirna. How the comprehension of cohesive mechanisms is associated with the production of more coherent texts. In: *Rassegna italiana di lingüística applicata.* Roma, Bulzoni editore, 1991, n. 3. p. 51-62.

RUDDELL, R. B. Psycholinguistic implications for a sistems of communications model. In: SINGER, H. E RUDDELL, R. B. (orgs.). *Theoretical models and processes of reading.* Delaware, International Reading Assoc., 1976.

RUMELHART, D. E. Schemata: the building blocks of cognition. In: SPIRO et al (orgs.). *Theoretical issues in reading comprehension.* New Jersey, Lawrence Earlbaum, 1980.

SPIRO, R. J et al. (Orgs.). *Theoretical issues in reading comprehension.* New Jersey, Lawrence EaRLBAUM Asso., 1980.

SMITH, Frank. *Compreendendo a leitura.* Porto Alegre: Artes Médicas, 1996.

____ . *Leitura significativa.* Porto Alegre: Artes Médicas, 1999.

TEIXEIRA, J. F. *Mentes e máquinas: uma introdução à ciência cognitiva.* São Paulo: Unicamp, 1998.

LEITURA PARA ALÉM DA ESCOLA: REPRESENTAÇÕES DA LEITURA NA LITERATURA JUVENIL CONTEMPORÂNEA[1]

João Luís C. T. Ceccantini

O estudo de narrativas nacionais contemporâneas que têm circulado sob a rubrica *literatura juvenil* e foram objeto de premiação pela Fundação Nacional do Livro Infantil e Juvenil, pela Câmara Brasileira do Livro ou pela Associação Paulista de Críticos de Arte, no período de 1978 a 1997, permitiu observar o papel expressivo dado à *leitura* no âmbito da criação ficcional voltada aos jovens.[2]

A representação da *leitura* não apenas se faz presente na maioria absoluta das obras analisadas como ganha função de destaque em sua economia narrativa, associando-se ao núcleo temático central de quase metade dos casos examinados. Se, por um lado, essa escolha da *leitura* como matéria de ficção poderia estar ligada à tradição pedagogizante do gênero infanto-juvenil, constata-se, por outro lado, que no *modo de representar* há, via de regra, a superação de propósitos meramente utilitários.

---

[1] O presente trabalho tem sua origem na pesquisa realizada em nível de Doutorado, intitulada *Uma estética da formação: vinte anos de literatura juvenil brasileira premiada* (Assis – SP, Universidade Estadual Paulista "Júlio de Mesquita Filho" – UNESP, Curso de Pós-Graduação em Letras – Área de Literaturas de Língua Portuguesa, 2000.)

[2] Foram analisados 27 títulos entre os 53 premiados na rubrica *juvenil*, no período em questão.

A *leitura* foi objeto de representações complexas e matizadas, figurando em geral como necessidade legítima do universo ficcional, sem ser vazada pela clave da gratuidade e da persuasão – o intuito não é mais o de convencer a todo custo o leitor da importância da leitura e de tornar-se leitor: se virtualmente isso ocorre, não é objetivo primeiro do texto literário. A *leitura* foi focalizada, quase sempre, fora de contexto escolar, sendo multiplicadas as *situações de leitura*, os *sujeitos de leitura* e os *modos de ler*, numa perspectiva que se revelou, por vezes, francamente dessacralizadora.

Embora também no âmbito dos *objetos de leitura* se tenha verificado uma certa pluralidade de representações, englobando *bilhetes, cartas, diários, revistas* e *jornais* (estes, lidos sobretudo pelos adultos), a ênfase maior recaiu na *leitura do texto literário*, sendo citados de maneira explícita diversos autores e obras, integrados ou não ao cânone. Merece menção, nas obras, ainda, a conexão recorrente entre *leitura* e *produção de textos*, em que esta pode ser motivada pela outra.

De modo predominante, as representações da leitura extrapolam largamente as convenções históricas do gênero infanto-juvenil, alcançando um elogiável grau de tensão, muito afinado com a vibrante malha de práticas de leitura que se tece na sociedade e que estudos contemporâneos sobre teoria e história da leitura têm-se esforçado por desvelar.

No conjunto das narrativas em que se verificam representações da leitura, há uma pequena maioria de *leitores*, em oposição ao número de *leitoras*, na contramão do que costuma ocorrer em nossa sociedade, em que, entre os jovens, o número de leitoras costuma superar o de leitores.

No que se refere ao *espaço* em que são realizadas as leituras, é substantivo o fato de que a leitura não seja praticamente realizada em ambiente escolar, mas, sim, *em casa*, e em particular *no quarto*, geralmente de forma espontânea e não por qualquer solicitação ou motivação da escola. As *bibliotecas*, como fonte de obtenção dos livros lidos ou local de leitura, são muito pouco citadas, uma tendência presente em outros estudos sobre leitura, seja os ligados às suas representações, seja aqueles que se debruçam sobre situações concretas de leitura. A *freqüência* com que as personagens-leitoras lêem é vaga, mas em geral há a sugestão de leitura freqüente e contínua.

Quanto aos *suportes* de leitura mais focalizados, sem dúvida, é o *livro* o mais representado, com muitas referências à literatura, prosa e poesia, sobretudo brasileira e canônica. No entanto, chama a atenção o peso que têm no conjunto de narrativas os *bilhetes* e as *cartas*, de grande circulação entre as personagens, lidos e relidos, a sós ou na presença de amigos, motivo que parece um tanto extemporâneo e põe em evidência a forte ligação entre o gênero infanto-juvenil e o romance-folhetim.

Vale também destacar que não há praticamente referências ao momento da alfabetização (uma exceção é a obra *As fatias do mundo*, de Nilma Gonçalves Lacerda), aspecto igualmente verificado em relatos autobiográficos de escritores franceses, conforme nos informa Jean-Claude Pompougnac (1997) em "Relatos de aprendizado", um estudo sobre representações da leitura observadas em autobiografias de diversos escritores franceses da mais diversa origem social.

Nessa visada de conjunto, dois aspectos, ainda, merecem destaque: o primeiro deles diz respeito ao fato de que boa parte das representações de leitura nas narrativas juvenis mostra situações de *leitura socializada*. Há os leitores solitários, mas há também muitos leitores que lêem próximos aos amigos, que discutem sobre os textos lidos, que compartilham as leituras realizadas.

O outro aspecto refere-se à insistente representação de situações de leitura, em que esta se dá, não de maneira silenciosa, mas *em voz alta*. Tais aspectos, mais do que meros recursos narrativos, para obter este ou aquele efeito no desenvolvimento das tramas, podem sugerir os resquícios de um certo atrelamento da leitura ao universo escolar, considerando-se que em nosso tempo é sobretudo na escola que se lê em voz alta e numa situação coletiva.

Assim, curiosamente, as representações em pauta acabam por evocar, de alguma forma, um momento anterior àquela "primeira revolução da leitura", apontada por Roger Chartier (1999), consolidada nos séculos XII e XIII, que diz respeito à passagem da leitura oral à leitura silenciosa (do modelo monástico, ligado à conservação e à memória, para o momento escolástico, o livro concebido como instrumento do trabalho intelectual).

Contrariando a tendência pedagogizante do gênero, prevalece no conjunto de narrativas analisado a dessacralização da leitura, num enfoque que não teme mesmo, por vezes, uma visão bastante negativa do ato de ler.

Apenas duas obras chamam a atenção por um enfoque militante mais explícito em prol da leitura, vinculado à tradição. É o caso de *O outro lado do tabuleiro*, de Eliane Ganem, e *A marca de uma lágrima*, de Pedro Bandeira, um dos maiores *best-sellers* da literatura juvenil brasileira.

Se essas obras se configuram como exceções em que prevalecem representações didatizantes da leitura, no outro extremo, duas obras ilustram, de maneira radical, a perspectiva dessacralizadora que assumiu a representação da leitura no conjunto de textos analisado. É o caso de *Cão vivo leão morto: era apenas um índio*, de Ary Quintella, e de *Pobre corintiano careca*, de Ricardo Azevedo.

Na obra de Quintella, a menção à leitura é pontual e não desempenha função narrativa importante, mas chama a atenção pela forte conotação negativa que assume:

> Tentei ler *Os rios morrem de sede*, de um tal de Wander Pirolli, não sei se vocês conhecem. Li duas páginas e não conseguia me lembrar de nada. Pitangas! Larguei o livro no chão, Rex [o cachorro policial] babava nas folhas enquanto comia as balas. Resolvi dar o livro para Regina, minha irmã, que vivia me dedurando... (QUINTELLA, 1980, p. 7)

Em *Pobre corintiano careca*, o protagonista José Pedro, garoto de 13 anos que tem de lidar com as sérias restrições materiais e afetivas que a vida lhe impõe, é representado como um leitor assíduo, ainda que por razões pouco nobres. Lê muito e retira livros na biblioteca da escola, mas contra sua vontade, numa abordagem um tanto irônica, da questão:

> José Pedro [que teve seus longos e queridos cabelos cortados tal como no episódio bíblico de Sansão] ... sentiu raiva da Bíblia e de todos os livros. Gostava de ler, mas naquele momento, se pudesse pegava tudo o que tinha lido e jogava no lixo. Na verdade, nem era para ele gostar de ler. Preferia mil vezes ver televisão, como todo mundo. Acontece que o aparelho de sua casa, além de ser preto-e-branco, era antigo e não funcionava direito. Sua mãe não tinha dinheiro para mandar consertar, nem muito menos para comprar um novo. Resultado: como nem sempre o aparelho sintonizava bem, o menino, para não ficar sem ter o que fazer à noite, começou a retirar livros na biblioteca da escola e levar para ler em casa. Acabou acostumando. (AZEVEDO, 1995, p. 21)

Outras narrativas estudadas, de muito bom nível estético, recusam os extremos da apologia e da dessacralização, para representar a leitura de uma perspectiva bastante problematizadora, afinada com questões candentes no atual debate teórico sobre a leitura e suas práticas.

Em *Por parte de pai*, de Bartolomeu Campos Queirós, o narrador rememora o cotidiano de sua infância na pequena Pitangui (MG), concentrando-se nos acontecimentos, sensações e lembranças do período em que viveu com os avós paternos, estadia que se deu em virtude da morte precoce da mãe e do trabalho do pai, envolvido em constantes viagens.

Na obra, a representação da leitura é aspecto dos mais significativos, recebendo um tratamento de reverência, muito próximo à esfera do sagrado. A leitura encontra-se associada à categoria do espaço – basicamente a *casa* em que moram o avô Joaquim, a avó e o neto, espécie de templo cujas paredes são recobertas pela caligrafia caprichada do avô, assim como por seus desenhos:

Todo acontecimento da cidade, da casa, da casa do vizinho, meu avô escrevia nas paredes. Quem casou, morreu, fugiu, caiu, matou, traiu, comprou, juntou, chegou, partiu. Coisas simples como a agulha perdida no buraco do assoalho, ele escrevia. A história do açúcar sumido durante a guerra, estava anotado. Eu não sabia por que os soldados tinham tanta coisa a adoçar. Também desenhava tesouras desaparecidas, serrotes sem dentes, facas perdidas. E a casa, de corredor comprido, ia ficando bordada, estampada de cima a baixo. As paredes eram o caderno do meu avô. Cada quarto, cada sala, cada cômodo, uma página. Ele subia em cadeira, trepava em escada, ajoelhava na mesa. Para cada notícia escolhia um canto. Conversa mais indecente, ele escrevia bem no alto. Era preciso ser grande para ler, ou aproveitar quando não tinha ninguém em casa. Caso de visitas, ele anotava o dia, a hora, o assunto ou a falta de assunto. Nada ficava no esquecimento, em vaga lembrança: "A Alice nos visitou às 14 horas do dia 3 de outubro de 1949 e trouxe recomendações da irmã Júlia e do filho Zé Maria, lá de Brumado." (QUEIRÓS, 1995, p. 11)

Enquanto ele escrevia, eu inventava histórias sobre cada pedaço da parede. A casa do meu avô foi o meu primeiro livro. Até história de assombração, tinha. Era de Maria Turum, preta que foi escrava, não sei se veio de navio negreiro, e ajudou a criar os filhos. Antes de morta, já tinha bicho no corpo de tanto ficar na cama, fraca, inválida, velha. Eu olhava para ela e pensava que viver era encolher, diminuir, subtrair. Cada dia ela ficava menor. Sua alma costumava passear no terreiro em noites de sextas-feiras, assustando cachorros, gatos, galinhas. Andava também pelo corredor da casa, rangendo as tábuas do assoalho, implorando missa. (QUEIRÓS, 1995, p. 12)

História não faltava. Eu mesmo só parei de urinar na cama quando meu avô ameaçou escrever na parede. O medo me curou. Leitura era coisa séria e escrever mais ainda. Escrever era não apagar nunca mais. O pior é que, depois de ler, ninguém mais esquece, se for coisa de interesse. Se não tem interesse, a gente perde ou joga fora. (QUEIRÓS, 1995, p. 14-15)

O temor do menino de que se registrem suas fraquezas faz com que mude o comportamento. A leitura e a escrita, de alguma forma, revestem-se de poder, configuram-se na obra como o próprio Mistério, com toda sua aura de gravidade, a ser temido e decifrado a cada instante.

Instaura-se, assim, um eixo essencial na construção da narrativa, em torno do qual muitos de seus elementos temáticos e formais se organizam. A dimensão simbólica da *casa* se expande para além do sagrado e dá concretude à idéia, tão cara aos estudos sobre leitura, de que da leitura do mundo chegamos à palavra e, desta, voltamos para o mundo, num jogo de espelhos sem fim, *mise en abîme*, em que continuamente se sobrepõem os sentidos. A casa recoberta de signos remete, ainda, aos tempos primevos dos desenhos rupestres, às raízes da memória da humanidade em sua longa epopéia, à mais longínqua História e ao seu registro.

Ao escrever acontecimentos, histórias, pensamentos, sonhos, e tanto mais, sobre a superfície das paredes de toda a casa, o avô Joaquim reduplica simbolicamente a associação significado/significante, obrigando à continua leitura, não apenas das palavras, mas da realidade circundante, num movimento recíproco e ininterrupto da realidade para a imaginação; da imaginação para a realidade, *ad infinitum*.

Na concepção da obra, a casa assume a conotação do mundo a ser lido, atualizando-se, assim, uma figura recorrente na história da leitura. Alberto Manguel em sua admirável obra *Uma história da leitura*, ao tratar das "metáforas da leitura", refere-se à obra do escritor norte-americano Walt Whitman, num enfoque que certamente permite a aproximação com a obra de Queirós:

> Para Whitman, texto, autor, leitor e mundo espelhavam-se uns aos outros no ato da leitura, um ato cujo significado ele expandiu até que servisse para definir cada atividade humana vital, bem como o universo no qual tudo aconteça. Nessa conjunção, o leitor reflete o escritor (ele e eu somos um), o mundo faz eco a um livro (livro de Deus, livro da Natureza), o livro é de carne e sangue (carne e sangue do escritor, que mediante uma transubstanciação literária se tornam meus), o mundo é um

livro a ser decifrado (os poemas do escritor tornam-se minha leitura do mundo). (MANGUEL, 1997, p. 196)

A idéia da contínua leitura do mundo faz-se presente em muitos outros momentos de *Por parte de pai*, como, por exemplo:

> Minha cama ficava no fundo do quarto. Pelas frestas da janela soprava um vento resmungando, cochichando, esfriando meus pensamentos, anunciando fantasmas. As roupas, dependuradas em cabides na parede, se transfiguravam em monstros e sombras. Deitado, enrolado, parado, imóvel, eu lia recado em cada mancha, em cada dobra, em cada sinal. O barulho do colchão de palha me arranhava. O escuro apertava minha garganta, roubava meu ar. O fio da luz terminava amarrado na cabeceira do catre. O medo, assim maior do que o quarto, me levava a apertar a pêra de galalite e acender a luz enfeitada com papel crepom. O claro me devolvia as coisas em seus tamanhos verdadeiros. O nariz do monstro era o cabo do guarda-chuva, o rabo do demônio o cinto de meu avô, o gigante, a capa "Ideal" cinza para os dias de chuva e frio. Então, procurava distrair meu pavor decifrando os escritos na parede, no canto da cama, tão perto de mim. Mas era minha a dificuldade de acomodar as coisas dentro de mim. Sobrava sempre um pedaço. (QUEIRÓS, 1995, p. 16)

A concepção da leitura para além do verbal desdobra-se em diversos outros momentos da narrativa, seja pelo uso do verbo *ler* em variadas acepções, seja pelo peso atribuído ao *olhar*, ao *ver*, ao jogo de *luz* e *trevas*, à *cegueira*:

> E se a tristeza ameaça meu avô – eu lia isso nas rugas de sua testa ou no arco das sobrancelhas ... (QUEIRÓS, 1995, p. 20)

> Ele sabia ler as estações, as fases da Lua, o sentido dos girassóis na cerca de bambu. (QUEIRÓS, 1995, p. 40)

> [os gatos] lêem tudo com o olhar, decifram amizade escondida, mas desconhecem ódio guardado. (QUEIRÓS, 1995, p. 46)

> Li medo no olhar de meu avô enquanto minha avó, na cama, mornava a vida sem acusar perdas ou manifestar ganhos. (QUEIRÓS, 1995, p. 67)

Nunca pude saber onde meu avô lia minha falta de interesse por retratos. (QUEIRÓS, 1995, p. 70)

Em *Aos trancos e relâmpagos*, de Vilma Arêas, *leitura, escrita* e *literatura* recebem um destaque considerável e assumem conotação francamente positiva. Verônica, a narradora-protagonista, que encarna uma adolescente vivendo a estridente crise própria da idade, confessa ao leitor: "Eu me amarro em ler" (ARÊAS, 1993, p. 24).

Por mais de uma vez, a garota é representada em situações de leitura espontânea, sobretudo de livros sobre zoologia (!), assunto pelo qual se interessa. Por meio desses livros, Verônica compara o comportamento de certas espécies com o comportamento dos homens, procurando entendê-lo. Tais livros funcionam como uma válvula de escape, dose de fantasia "real", de que necessita a garota e, ao mesmo tempo, como importante veículo de sondagem psicológica, voltada ao autoconhecimento e à busca de identidade, de onde Verônica também extrai alguma quota de poesia. Acabam por desempenhar o papel de um espelho muito particular, que permite o mergulho vertical em si mesma, atualizando outra metáfora recorrente na história das representações da leitura:

> Olhar-se no livro-espelho é um ato "conotativo de toda uma moral e toda uma estética. É uma cerimônia ... ora purificadora ora diabólica. Pode ser tanto um malefício quanto um encantamento. Atributo de Vênus, símbolo da vaidade e instrumento oracular, o espelho pode induzir à contemplação da beleza, como pode levar à manifestação sub-reptícia do disforme e do inquietante.
>
> A história da representação do livro ... é semelhante (quando não coexistente) à do espelho: símbolo de conhecimento e de vaidade, de vida e de morte. Duplo, busca de si mesmo e do outro, do idêntico e do dessemelhante, do costumeiro e do estranho, o livro é um espelho, a leitura é um olhar no espelho. (POULAIN, 1997, p. 73-74)

Candinha, a "rival" de Verônica, também é leitora, embora suas escolhas de leitura sejam malvistas pela narradora, depondo contra a personagem:

> Doida pra casar. Toca a bordar, preparando enxoval. Isso nem se usa mais. Baixo-nível. E não é só isso. Toca a ler *Capricho*, *Sétimo Céu*, aqueles romances complicados, encharcados de traições e maldades. Os namorados, coitados têm de sofrer o diabo antes de casarem. (ARÊAS, 1993, p. 26)

Na obra, várias outras representações da *leitura*, associadas a diferentes personagens, compõem um dinâmico mosaico e convidam ao questionamento dos modos diversificados e específicos de ler de que se valem os sujeitos, ou mesmo dos "níveis de leitura" que se pode fazer de um dado objeto. Tal abordagem remete a antinomias debatidas por vários estudiosos do tema, entre eles Martins (1982), Pompougnac (1997), Cavallo & Chartier (1998) e Jouve (2002): *leitura intensiva/leitura extensiva; leitura diversão/leitura conhecimento; leitura inocente/leitura crítica; leitura ingênua/leitura "armada"; leitura emocional/leitura racional; leitura linear/ leitura vertical; leitura pluralista/leitura autorizada; modo primário/modo secundário*[3].

Em *Atentado*, de Sonia Rodrigues Motta, a leitura e o ato de escrever também são altamente valorizados. Nessa narrativa, que flagra três anos da vida do jovem narrador-protagonista, Pedro Luís, no período posterior à prisão de seu pai, envolvido em crimes financeiros e narcotráfico, ler e escrever são aspectos essenciais para a construção da personagem, na sua relação com o mundo. Configuram o móvel para que ele supere os enormes obstáculos que tem a sua frente:

> Eu precisava entender. Para me defender da minha raiva, do meu medo e do meu tio. Eu descobri tudo. Lendo os jornais da

---

[3] Naturalmente que, nas categorias citadas, devido às idiossincrasias da nomenclatura criada pelos teóricos, ocorre, muitas vezes, sobreposição de sentidos de um autor para outro.

época em que estourou o escândalo das negociatas do meu pai. Matando aula e sentando na Biblioteca nacional para ler os jornais que eu não li antes. Minha mãe não deixou. Eu era mesmo um menino bobo que acreditava que os adultos falavam a sério. (MOTTA, 1994, p. 25)

> Tenho descoberto cada coisa nas minhas andanças por bibliotecas e arquivos! Primeiro foi a prisão do meu pai, as falcatruas, as histórias impossíveis de se acreditar. Li muitas vezes cada notícia. Existem coisas que até eu sei que meu pai não pode ter feito. É como se ele fosse um monstro culpado por todos os crimes financeiros do país! (MOTTA, 1994, p. 57)

Por meio da leitura e da escrita, Pedro Luís segue uma trajetória de gradativa conquista de independência intelectual, desvencilhando-se dos valores que seu meio familiar lhe transmitiu e atingindo o autoconhecimento e o conhecimento da sociedade. A leitura em *Atentado* é, acima de tudo, sinônimo de liberdade.

Em *O mundo é para ser voado*, de Vivina de Assis Viana, narrativa que focaliza uma mudança vivida por uma família de classe média, no caso, de Belo Horizonte para São Paulo, bem como suas implicações na vida do filho adolescente, a *leitura* não ocupa o centro das preocupações da narrativa, mas tem representação significativa.

O pai do protagonista, jornalista, assim como a mãe, é caracterizado como um leitor compulsivo:

> Meu pai lê todo dia. Ou melhor, toda noite. Quando me lembro de alguma coisa urgente e entro no quarto dele, bem tarde, está sempre com um livro na mão. Uma noite me disse que lê uns três livros ao mesmo tempo. Cansado demais, prefere policiais, ficção científica. Tranqüilo, romances, biografias. (VIANA, 1991, p. 40)

O contraponto para o leitor voraz que é o pai aparece no mesmo capítulo, "Confidências", com o relato de um dos carregadores da empresa que faz a mudança da família, um ex-taxista, espantado com o volume de livros no apartamento dos jornalistas. O homem "confessa" ao protagonista que leu um único livro na vida: o romance *A escrava Isaura*, dado a ele por uma passageira, uma professora.

O contraste entre os hábitos e práticas de leitura das duas personagens, o pai e o carregador de mudança, justaposto à própria caracterização do jovem protagonista como leitor – ele é um conhecedor de Drummond, de *Os meninos da Rua Paulo*, de Ferenc Molnár, e apreciador de letras de clássicos da MPB –, faz pensar na questão dos "herdeiros culturais", cara a Bourdieu, e de que Pompougnac trata de forma arguta:

> O acesso ao mundo do livro procede da filiação: a criança 'burguesa" herda o ler na medida em que vive num universo em que se manifestam hábitos de leitura. A aprendizagem (no sentido que se dá a esse termo na escola) é "natural" porque o escrito é "familiar"; a leitura é – como a língua – materna, às vezes "paterna". (POMPOUGNAC, 1997, p. 14)

Os profissionais que atuam na formação de leitores conhecem bem as implicações da "herança cultural". Quando trabalham com sujeitos oriundos de famílias não-leitoras, enfrentam o desafio de mudar comportamentos de crianças, jovens ou mesmo adultos que não comungam de forma plena com certas preocupações e práticas legitimadas e valorizadas socialmente, corriqueiras para os "herdeiros culturais"[4], aqueles que, por sua condição social, herdaram de

---

[4] *Herdeiro cultural, herança cultural*, são conceitos de que se vale, entre outros, François de Singly, em *Lire à douze ans* (Paris: Nathan, 1989), referindo-se à transmissão por parte da família, no interior de certos grupos sociais, de um certo "patrimônio cultural" instituído, um certo "saber letrado", assim como as práticas a eles associadas, de geração para geração, de maneira quase "natural", em oposição, à transmissão desses mesmos valores de maneira sistemática, planejada e mais artificial, como no caso da *escola*. Esse aspecto pode ser ilustrado pelo que Singly denomina ausência de "sensibilidade para o campo literário", revelada por muitos estudantes e traduzida pela dificuldade de memorização de títulos e autores, bem como de grafá-los corretamente em situações de escrita; pela pequena preocupação com os dados do *paratexto* de um livro (número da edição, editora, orelha, quarta capa, nome do ilustrador etc.); pela relutância dos sujeitos em elencar autores e obras de sua predileção, quando solicitados, entre outros aspectos.

sua família, não necessariamente o "patrimônio cultural" instituído, mas, sobretudo, os modos "apropriados" de com ele se relacionar, e que os fazem sentir-se "à vontade" nessa relação. Esse é certamente o caso do protagonista de *O mundo é para ser voado*.

Em *Pode me beijar se quiser*, de Ivan Angelo, o protagonista Miguel, menino de fazenda do interior paulista, às voltas com as primeiras experiências de sua juventude, encontra na leitura, seja das "revistas de mulher nua", seja dos apaixonantes romances que a professora lhe vai oferecendo, o impulso para uma viagem simbólica das mais arrojadas. Acaba por desistir de seus planos de largar tudo e fugir com o circo, mas nem por isso deixa de realizar um alentado percurso, que o conduz do isolamento de sua pequena Vila das Pedras à imensidão do mundo, da visada individual à social:

> Por que todo mundo gostava de ir ao circo e achava que não era trabalho bom? A professora percebeu seu desapontamento:
>
> – Desculpe, Miguel, mas você tem cabeça pra ser muito mais do que isso. Pode estudar, se formar, ganhar dinheiro e andar pelo mundo do mesmo jeito. Paga sua passagem e vai pra onde quiser.
>
> Quem disse que ele queria esperar tanto tempo?
>
> – É, mas o circo é agora.
>
> A professora sorriu.
>
> – Tá bom. Você venceu. Mas eu vou te dar uma coisa pra você viajar agora, enquanto o circo não vem.
>
> Tirou um livro grosso, já usado, *Os três mosqueteiros*.
>
> – Toma. Era do meu pai.
>
> [...]
>
> Depois das provas de fim de ano pediu à professora outro livro, mas queria comprado. Deu-lhe um dinheiro, parte do que seu Michel lhe pagara pelas entregas do mês de novembro, perguntou se dava, ela disse dá, dá e saiu depressa, emocionada. Trouxe *Os miseráveis*, de Victor Hugo, edição condensada.

Miguel não havia terminado a leitura, embaçada várias vezes pelas lágrimas, quando chegou Lindinha, de férias. Ela – antes mesmo de vê-la – só de sabê-la perto – e o livro formaram no espírito dele duas decisões, que eram praticamente uma: não viajar com o circo e estudar para defender os injustiçados. (ANGELO, 1997, p. 146-149)

Na narrativa de Ivan Angelo, é recuperada com delicadeza, assim, outra metáfora associada insistentemente à leitura, que é a da leitura como *viagem*[5]. François Jouve troca-a em miúdos:

Ler é ... uma viagem, uma entrada insólita em outra dimensão que, na maioria das vezes, enriquece a experiência: o leitor que, num primeiro tempo, deixa a realidade para o universo fictício, num segundo tempo volta ao real, nutrido de ficção.

Uma das experiências mais emocionantes da leitura consiste em proferir mentalmente idéias que não são nossas. (JOUVE, 2002, p. 109)

Para encerrar estas considerações, vale enfatizar a idéia de que o conjunto configurado pelos textos aqui abordados, ainda que de forma breve, demonstra que a literatura juvenil de nossos dias, quando considerada na sua produção de melhor qualidade estética, revela representações da leitura multifacetadas, provocadoras, exigentes, repletas de nuances e matizes, deixando para trás o enfadonho e empobrecedor enfoque pedagogizante, característico das origens do gênero. Se um ou outro eco dessa raiz utilitária permanece, no caso dos melhores textos, não compromete o resultado de conjunto e a questão da leitura se apresenta em toda sua complexidade e dinamismo: *leitura-casa, leitura-mundo, leitura-espelho, leitura-liberdade, leitura-mãe, leitura-viagem* e tanto mais quanto possam decifrar leitores e leitores nas páginas de nossa literatura juvenil de primeira grandeza.

---

[5] Pode-se lembrar aqui um recente programa institucional voltado ao fomento da leitura, que recebeu o título *Viagem da leitura*.

Referências

Trabalhos teóricos

CAVALLO, Guglielmo; CHARTIER, Roger. Introdução. In: _____. *História da leitura no mundo ocidental.* São Paulo: Ática, 1998. p. 5-40.

CHARTIER, Roger. As revoluções da leitura no Ocidente. In: ABREU, Márcia (Org.). *Leitura, história e história da leitura.* Campinas: Mercado de Letras: Associação de leitura do Brasil; São Paulo: FAPESP, 1999. p. 19-31.

JOUVE, Vincent. *A leitura.* São Paulo: Ed. UNESP, 2002.

MANGUEL, Alberto. *Uma história da leitura.* São Paulo: Companhia das Letras, 1997.

MARTINS, Maria Helena. *O que é leitura.* São Paulo: Brasiliense, 1982.

POMPOUGNAC, Jean-Claude. Relatos de aprendizado. In: FRAISSE, Emmanuel, POMPOUGNAC, Jean-Claude; POULAIN, Martine. *Representações e imagens da leitura.* São Paulo: Ática, 1997. p. 6-55.

POULAIN, Martine. Cenas de leitura na pintura, na fotografia, no cartaz, de 1881 a 1989. In: FRAISSE, Emmanuel; POMPOUGNAC, Jean-Claude; POULAIN, Martine. *Representações e imagens da leitura.* São Paulo: Ática, 1997. p. 57-96.

Obras de ficção

ANGELO, Ivan. *Pode me beijar se quiser.* Ilustrações Ricardo Azevedo. São Paulo: Ática, 1997, 160p.

ARÊAS, Vilma. *Aos trancos e relâmpagos.* Ilustrações Mariângela Haddad. 3. ed. São Paulo: Scipione, 1993, 120p.

AZEVEDO, Ricardo. *Pobre corintiano careca.* Ilustrações Ricardo Azevedo. São Paulo: Melhoramentos, 1995, 104p.

LACERDA, Nilma Gonçalves. *As fatias do mundo.* Ilustrações de Regina Yolanda. Belo Horizonte: RHJ, 1997.

MOTA, Sonia Rodrigues. *Atentado.* 4.ed. Rio de Janeiro: Ediouro, 1994, 128p.

QUEIRÓS, Bartolomeu Campos. *Por parte de pai.* 4.ed. Belo Horizonte: RHJ, 1995, 76p.

QUINTELLA, Ary. *Cão vivo leão morto: era apenas um índio.* Ilustrações Sônia Ledic. Belo Horizonte: Comunicação, 1980, 46p.

VIANA, Vivina de Assis. *O mundo é pra ser voado.* Ilustrações Célia Seybold. 5. ed. São Paulo: Scipione, 1991, 64p.

PESQUISA COM LITERATURA DE CORDEL

Hélder Pinheiro

Minha experiência com pesquisa

Este tema tem me inquietado ao longo de minha experiência acadêmica. Pensar a pesquisa sem cair no positivismo que preside muitas experiências é um desafio. Sempre me recusei, às vezes inconscientemente, a aceitar uma concepção de pesquisa muito estreita, sobretudo no âmbito da literatura e das artes em geral. Considero estreita, particularmente, aquela visão que reduz a experiência de pesquisar à aplicação de teorias consagradas – e, quando fugimos disso, muitas vezes somos taxados de impressionistas. Mas pensar, e até mesmo experimentar, atitudes menos positivas em momento algum significa ser menos rigoroso e preciso.

Ter um projeto definido dentro das normas da metodologia científica nunca foi para mim suficiente. Todo o tecnicismo que rodeia muitas pesquisas tende a transformar o que devia ser uma atividade criativa num exercício mecânico de repetição. O que temos, muitas vezes, são levantamentos de dados, são esquemas quantitativos.

Quero pensar a pesquisa muito mais como uma atitude investigativa diante de um texto, de um fenômeno, de uma afirmação etc. Isso significa que uma boa descoberta pode nascer de inquietações que estão fora de modelos de projetos tradicionais.[1]

Minha experiência com literatura de cordel, o viés escolhido para discutir neste congresso, comprova um pouco o que estou tentando dizer. Fui me dar conta de que fazia pesquisa de cordel quando alguns amigos começaram a me perguntar sobre minha pesquisa, evidentemente depois de terem lido o *Cordel na sala de aula*, que escrevi em parceria com uma amiga.[2] Ou seja, mesmo com um Projeto de Pesquisa aprovado em Departamento, mesmo filiado a grupo de pesquisa do CNPq, continuo acreditando que o que define uma boa pesquisa, o que leva a uma boa descoberta é a atitude cotidiana diante dos fatos – literários ou não.

Concluí, recentemente, um trabalho que se chamou *Pássaros e bichos na voz de poetas populares*. É uma antologia de sextilhas que tratam de animais em geral. À medida que ia fazendo o levantamento dos poemas sobre a temática escolhida, e ia, alegremente, contando às pessoas próximas as minhas descobertas é que fui me dando conta de que estava investindo horas e horas de leituras, pesquisando em antologias de literatura de cordel, folhetos de diferentes épocas e, sobretudo, recolhendo depoimentos de violeiros, poetas populares e amantes da poesia popular em geral, com quem tenho contato. Quanto tempo durou essa pesquisa? Talvez a vida toda. O tempo da pesquisa é o tempo do meu amor pelo cordel, pelos versos ouvidos e guardados na memória desde a infância. Lembro-me de que, há cerca de 15 anos, quando morava em Minas, mais precisamente em Uberaba, li, num livro do MEC, uma estrofe sobre animais e suas profissões. O livro se perdeu nas inúmeras mudanças que fiz de lá para cá, mas parte dos versos não. Em qualquer antologia que encontrava, procurava aqueles versos; queria guardá-los, copiá-los

---

[1] Discutimos algumas questões sobre pesquisa em literatura, em PINHEIRO (2003).
[2] LÚCIO, Ana Cristina M e PINHEIRO, Hélder. *Cordel na sala de aula*. São Paulo: Duas Cidades, 2001.

para poder oferecer a alguém, levar para sala de aula. Foi assim que descobri os vários folhetos intitulados, no geral, *No tempo em que os bichos falavam*. E fui me documentando, evidentemente. Sem essa curiosidade e vivência que me acompanhou ao longo dos anos, teria sido quase impossível organizar o trabalho *Pássaros e bichos na voz de poetas populares*. E outro pesquisador que se propusesse a fazer essa mesma pesquisa, sem uma experiência com a literatura popular oral, demoraria bem mais tempo. Alguém deve estar perplexo, indagando: mas qual o seu método? Qual sua filiação teórica? Quando falo de atitude, está embutido um modo de fazer as coisas. Algumas vezes, de uma conversa com um poeta popular, recolho inúmeros elementos de valor. Uma fala puxa outra, uma experiência relatada nos leva a muitas descobertas. É preciso ouvir sempre, com interesse, a fala do outro. Numa boa conversa com o xilogravurista e poeta popular Antonio Lucena, além de descobrir que ele tinha dezenas de folhetos inéditos, ouvi um especialmente sobre animais: *O sabiá da palmeira*.

Um ponto que me parece dos mais importantes: na pesquisa no âmbito da literatura e da cultura popular, a aproximação afetiva e humilde diante dos artistas se constitui uma atitude fundamental. E nos aproximamos para aprender, para colher daquela memória ritmos, imagens, lembranças, visões de mundo, experiências, as mais diferentes possíveis. Na conversa com Seu Antônio Lucena, vejo que ele vai tirando do baú xilogravuras, folhetos, e vai lendo trechos de um folheto e de outro, comentando que as vendas na última festa de São João foram poucas. E vai contando como era a venda na feira de Campina Grande quando chegou, há mais de 40 anos.

Um dos tesouros que descobri na minha aproximação com cordelistas foi a descoberta de Toinho da Mulatinha. É o mais velho embolador da região e o único que ainda vende cordel, na feira de Campina Grande, em sua barraca de raízes. Vez ou outra ainda agracia um ou outro amigo ou comprador com seu improviso. Quando apanha um ganzá (ele não canta com pandeiro), a voz do velho renasce ao som dos ritmos do coco de embolada, que tanto encantou pesquisadores como Mário de Andrade.

Ouvir essas vozes e fazer essas vozes serem ouvidas se constitui tarefa primordial do pesquisador da cultura popular. José Alves Sobrinho, hoje aos 83 anos, cantador por mais de 30 anos (não foi mais tempo porque perdeu a voz), convida-me para "comer uma buchada" em sua casa. No meio da conversa, descubro que ele esteve em Recife, num famoso congresso de violeiros em que Manuel Bandeira foi jurado, e que foi depois de assistir a esse congresso que Bandeira escreveu "Cantadores do Nordeste". A certa altura do poema, ao referir-se a um tal João, a quem faltava um braço, Bandeira (1990, p. 341-342), retomando o poeta popular, afirma:

> Para cantar afinado,
> Para cantar com paixão,
> A força não está no braço:
> Ela está no coração.

E Bandeira vai nos revelando seu encantamento ante aquele encontro:

> Ou puxando uma sextilha
> Ou uma oitava em quadrão,
> Quer a rima fosse em inha,
> Quer a rima fosse em ão,
> Caíam rimas do céu,
> Saltavam rimas do chão!

Às vezes fico pensando: quantos outros artistas populares estão por aí, sem voz, sem vez, e, sobretudo, sem meios até de sobreviver. Maria Ignez Ayala (In: Pinheiro, 2003, p. 106-107), pesquisadora da literatura popular, que segue trilhas abertas por Mario de Andrade e Mestre Xidieh, nos lembra, com agudo senso de humanidade:

Quando se estuda a cultura popular ou a literatura popular (oral ou escrita), a meu ver, se nos preocuparmos apenas com os objetos culturais (textos literários, adereços, instrumentos, objetos utilitários, por exemplo), deixando em segundo plano as pessoas, seus modos de vida e o sentido que tem para elas o universo cultural do qual participam, poderemos deixar de perceber os contrastes, as relações, as diferentes temporalidades que mantêm essa cultura viva e presente. Afinal, é sempre um fazer dentro da vida, como o trabalho e a festa.

O lugar da memória

Quando começamos a escrever *O cordel na sala de aula*, é que me dei conta de que muitas idéias, muitas experiências vinham do fundo da memória: experiências de sala de aula, leituras, velhas estrofes decoradas ainda na infância. Só quando adulto, descobri quem era Leandro Gomes de Barros, a mais extraordinária figura da literatura de cordel. Mas sabia de cor estrofes, por exemplo, da *Peleja de Manoel Riachão com o Diabo*, ouvida na voz de meu pai. Lembro, inclusive, os gestos que acompanhavam parte da recitação.

> Riachão tava cantando
> Na cidade de Açu,
> Quando apareceu um nego/
> Da espécie de Urubu,
> Tendo a camisa de sola
> E as calças de couro cru.
> Beiços grossos e virados
> Como a sola de um chinelo
> Um olho muito encarnado
> Um outro muito amarelo
> Este chamou Riachão
> Para cantar um martelo.

E assim por diante... Nunca esqueci, por exemplo, a primeira sextilha da *Chegada de Lampião no Inferno*, que ouvi na voz de um irmão quando criança. Quantas vezes me vi dizendo esses versos pelo meio da casa, na rua, na sala de aula. Talvez seja por isso que estranhava quando falavam da minha pesquisa sobre cordel. Não era só pesquisa em sentido técnico, era vivência, era convivência. Eu sabia das narrativas porque ouvia quando criança e mesmo na adolescência procurava ler folhetos. E quando comecei a lecionar, achei que devia levar aquele tipo de texto para sala de aula. E o fiz nos diferentes lugares onde morei: Minas, São Paulo, Ceará e agora na Paraíba. É claro que nos últimos anos, comecei a me documentar de modo mais sistemático. Visitar feiras, cordelistas desconhecidos com livros inéditos, comprar velhas e novas antologias, conversar com cantadores e poetas, adquirir CDs de emboladores de coco e de violeiros, visitar acervos de cordel e, sobretudo, ler tudo que me chega à mão. Mas gosto mesmo é de ouvir. Ouvi há alguns meses, de seu José Alves Sobrinho, o relato de seu encontro com o Cego Aderaldo, o velho cantador cearense que ganhava as cantorias muitas vezes confundindo seus desafiantes com trava-línguas. O trava-língua mais conhecido do cego e cantador, que usava uma rabeca e não uma viola, apareceu numa canção de Luiz Gonzaga:

> Quem a paca cara compra
> paca cara pagará.

Quem quiser conhecer as diferentes variações deste trava-língua, leia a *Peleja do Cego Aderaldo com Zé Pretim do Tucum*, de Firmino Teixeira do Amaral.

Gostaria ainda de chamar a atenção para uma grande figura da literatura popular: Leandro Gomes de Barros. Deixo de lado o homem empreendedor, que criou uma gráfica para imprimir folhetos, articulou uma grande rede de vendedores/cantores/recitadores de folhetos que se espalhavam pelas feiras do nordeste. Quero chamar a atenção para a excepcional diversidade da obra desse autor. Alguns ainda são clássicos.

Quem não se diverte, ouvindo ou lendo folhetos com personagens, animais como *Casamento e divórcio da lagartixa*, *O casamento do sapo* ou os inúmeros folhetos sobre o casamento, em que a figura da sogra aparece quase sempre como megera; as inúmeras pelejas, como a já citada *Peleja de Manuel Riachão com o Diabo*; as adaptações de contos de fada para folhetos, como *A bela adormecida no bosque*, o significativo *Viagem ao céu*, que poderá ter influenciado um outro clássico dos folhetos, que é *Viagem a São Saruê* e tantos outros?

Carlos Drummond de Andrade, sempre atento a aspectos da cultura que passam muitas vezes despercebidos, dedicou uma crônica a Leandro Gomes de Barros. Nela, o poeta de Itabira afirma que os 39 escritores que elegeram, em 1913, Olavo Bilac príncipe dos poetas brasileiros, "certamente estavam mal-informados". Segundo Drummond, o título "só poderia caber a Leandro Gomes de Barros, nome desconhecido no Rio de Janeiro, local da eleição promovida pela revista FON-FON, mas vastamente popular no Nordeste do País, onde suas obras alcançavam divulgação jamais sonhada pelo autor de "Ouvir estrelas".[3]

Na sala de aula

Todo o meu trabalho de pesquisador está voltado para a sala de aula. Sinto-me, de fato, um professor. Quero dividir o que leio com meus alunos, com professores, com diferentes pessoas. Não só no âmbito do cordel, mas também no trabalho com a literatura em geral e, mais particularmente, com a poesia. Aliás, o trabalho com o cordel está dentro de um trabalho amplo que há anos faço com a poesia na sala de aula.

---

[3] Recolhemos esta citação do livro *Leandro Gomes de Barros: no reino da poesia sertaneja*, organizado por Irani Medeiros (2002).

Depois que publicamos *O cordel na sala de aula*, planejamos um minicurso de extensão com o mesmo título. Abrimos 40 vagas e apareceram mais de 80 candidatos. Tivemos que repetir o curso, e esse fato me chamou a atenção. A partir daí, começamos a pensar numa intervenção mais direta nas escolas. Sabíamos que a Secretaria de Educação do Município de Campina Grande havia tentado introduzir a literatura de cordel nas escolas. Numa reunião do Proler, em 2002, propusemos ao secretário de Educação a compra de um acervo mínimo de folhetos de cordel para ser levado às 120 escolas municipais de Campina Grande. O projeto começou a ser pensado ainda em 2002 e, em agosto de 2003, foi entregue às escolas uma minibiblioteca de cordel. Os folhetos escolhidos são, em sua maioria, voltados para narrativas envolvendo animais, como *No tempo em que os bichos falavam, A briga do Cachorro com o gato, Criança responde, Futebol dos animais* e tantos outros. Houve, evidentemente, um período de preparação dos professores interessados. Oferecemos, em janeiro de 2003, três oficinas de leitura de cordel com mais de cem professores. A biblioteca deverá ser ampliada no início de 2004. A orientação metodológica do Projeto prima pela experiência de leitura oral dos folhetos. Ler e reler em voz alta, encenar, brincar com os versos e até criar, se a turma quiser. Mas nada de imposição. "Deixai cantar a música da poesia".

Praticamente não trabalho a forma dos poemas em sala de aula. Devo confessar que vim saber o que era uma sextilha, uma redondilha maior, uma décima, uma aliteração quando ingressei no curso de Letras. Esse desconhecimento técnico em nada prejudicou minha experiência com a poesia. A escola – sobretudo os livros didáticos – insistem muitas vezes no conhecimento técnico da poesia. Antes, é preciso que a poesia se torne convivência e somente depois pode ser que venha a necessidade de se conhecer um pouco de teoria do verso. Coloco frente a frente uma quadra com versos decassílabos e uma sextilha com redondilhas maiores e, na leitura oral, os professores percebem que o ritmo de leitura da sextilha é mais ágil, e que isto está relacionado com a métrica. A partir daí, poderemos aprofundar algumas questões de métrica que o professor deveria saber um pouco.

Para quem pensa em trabalhar a cultura popular na escola, partir da experiência oral da criança nos parece de fundamental importância. Às vezes, só nos damos conta disso quando lemos ou ouvimos o depoimento de um grande escritor. Manuel Bandeira (1990, p. 33-34), em seu *Itinerário de Pasárgada,* nos dá um belíssimo depoimento sobre sua iniciação literária. Embora filho da aristocracia, não lhe faltou a voz da poesia popular, vinda das brincadeiras de rua, das pessoas simples do povo:

> O meu primeiro contato como a poesia sob a forma de versos terá sido provavelmente em contos de fadas, em histórias de carochinha. [...] Aos versos dos contos da carochinha devo juntar os das cantigas de roda, algumas das quais sempre me encantaram, como, "Roseira, dá-me uma rosa," "O anel que tu me deste", "Bão, balalão, senhor capitão", "Mas para que tanto sofrimento". Falo destas porque as utilizei em poemas. E também das trovas populares, coplas de zarzuelas, *couplets* de operetas francesas, enfim versos de toda a sorte que me ensinava meu pai.

O poeta nos conta, nesse mesmo depoimento, que um sujeito que pedia esmola ouviu de seu pai esta provocação: "Pois não! Mas você antes tem de me dizer uns versos". Ora, o nosso homem não se fez de rogado e saiu-se com esta décima lapidar, cujo primeiro verso, estropiado, mostra que a estrofe não era de sua autoria:

> Tive uma choça, se ardeu-se
> Tinha um só dente, caiu.
> Tive uma arara, morreu.
> Um papagaio, fugiu.
> Dois tostões tinha de meu:
> Tentou-me o diabo, joguei-os.
> E fiquei sem ter mais meios
> De sustentar os meus brios.

> Tinha uns chinelos... Vendi-os
> Tinha uns amores... Deixei-os.[4]

Depoimentos como este mostram a importância da experiência com a cultura popular oral. Nossa tradição escolar sempre deixou de lado esse manancial. Uma investigação sociológica poderá identificar as razões deste fato... Mas isto é um assunto para outras conversas.

Uma questão metodológica

À medida que vou lendo o que escrevo sobre cordel, um verbo se destaca na minha fala: ouvir. Talvez esteja aí uma questão metodológica da maior importância para quem deseja trabalhar com a poesia popular. Abrir os ouvidos para os ritmos, para as falas, para os versos que viajam de boca em boca na experiência do povo. Pode haver aí muita beleza a que não damos atenção. Apenas um exemplo dessa atitude. Ainda neste ano, enquanto me dirigia para uma agência bancária dentro do campus da UFCG, ouvi atrás de mim alguém dizer uma quadra. Entendi bem apenas os dois primeiros versos e não tive dúvida: voltei e dei de cara com um vigia da Universidade que, com muita alegria, me recitou a estrofe completa.

> Cachaça é filha da cana
> Fabricada no ingém
> Quem vende cachaça é corno
> Quem bebe é corno também.

A quadra é uma modalidade de poesia muito impregnada na alma popular. Nunca pesquisei esse viés, mas creio que

---

[4] Confiram "Testamento" e vejam como Bandeira retoma alguns versos deste poema.

há muitas pérolas guardadas na memória do povo. Fui ministrar um curso para um grupo de professoras da cidade Zabelê, situada numa região muito pobre do Cariri paraibano, onde ainda se dança belos reizados. Não conhecia ninguém da cidade e fiquei meio sem saber como começar a conversa sobre literatura na escola. Pedi que quem se lembrasse de um verso, de uma quadrinha, falasse. Saíram muitos versos, alguns, inclusive, mais apimentados. Lembrei-me de que os primeiros versos que aprendi não são de salão...mas são delícias que guardo até hoje na memória. Se fizermos um levantamento no nosso ambiente familiar e de trabalho sobre as quadrinhas, certamente vamos ter boas surpresas. Nossos poetas cultivaram com afeto esta modalidade de estrofe. Mario Quintana escreveu um livro inteiro de quadras, *Espelho mágico*; Bandeira escreveu e reescreveu algumas muito belas e Drummond também. Patativa do Assaré também nos deixou inúmeras quadras. Como se vê, é preciso andar de olhos e ouvidos abertos.

Por fim...

Para concluir este texto, insisto num aspecto: é preciso estar de ouvidos abertos. Deve haver muita coisa escondida, muitas vozes a que não damos ouvido, bem junto de nós. E ouvi-las pressupõe uma atitude humilde, nada preconceituosa com a cultura do povo. A atitude preconceituosa nos faz deixar de saborear tantas belezas. Lembro-me de Mario Quintana (1983, p. 68) que, em seu poema em prosa "Busca", nos ensina a buscar os filhotinhos de estrela que podem estar desperdiçados por aí...

Literatura de cordel, para mim, não é um objeto frio de que me aproximo apenas para detectar visões de mundo, procedimentos estéticos, formas de representação da mulher e tantas outras questões suscitadas por pesquisadores. É experiência viva que se refaz a cada leitura. Portanto não posso falar dela assumindo um distanciamento "neutro". Se fosse assim, jamais teria escrito nada sobre literatura de cordel. Também não teria escrito nada sobre a poesia de Adélia Prado, que foi matéria de minha dissertação de mestrado, ou sobre a poesia de Mario Quintana, que estudei no doutorado. Só consigo estudar algo por que esteja apaixonado. Sei dos limites em que incorro, mas trata-se, hoje, de uma opção. É possível que esse caminho não seja viável para outros pesquisadores... Ao longo dos anos, tenho confiado na minha intuição. Tem dado certo. Devo continuar nesta rota.

Vamos terminar nossa conversa ouvindo algumas sextilhas que recolhemos em *Pássaros e bichos na voz de poetas populares*.

> Admiro o pica-pau
> Numa madeira de angico
> Que passa o dia todim
> Taco-taco, tico-tico
> Não sente dor de cabeça
> Nem quebra a ponta do bico.
> (Manoel Xudu)

> A vaca que quer dar cria
> Se desgarra do rebanho,
> Tem, às vezes, um bezerro
> Que é quase do seu tamanho,
> Depois do parto inda o lambe
> Por não poder dar-lhe banho.
> (Manoel Xudu)

> O sabiá do sertão
> Faz coisa que me comove:
> Passa três meses cantando
> E sem cantar passa nove
> Como que se preparando
> Pra só cantar quando chove.
> (Biu Gomes)

> Ao aproximar-se a noite
> Quando o dia vai embora,
> Lá no fundo do quintal
> A galinha se acocora

Fazendo casa das asas
Pra pinto não dormir fora.
(Manoel Menezes)

Naquele tempo existia
Teatro da natureza
Borboleta era querida
Por sua grande beleza,
Era a melhor dançarina
Que se via na redondeza.
(Zé Vicente)

Admiro uma barata
Saber voar e correr
Entrar na lata de açúcar
Tocar baião e comer
O que come é muito pouco
Mas bota o resto a perder.
(Furiba)

REFERÊNCIAS

BANDEIRA, Manuel. *Poesia completa e prosa*. Rio de Janeiro: Editora Nova Aguilar, 1990.

LÚCIO, Ana Cristina Marinho; PINHEIRO, Hélder. *Cordel na sala de aula*. São Paulo: Duas Cidades, 2001.

MEDEIROS, Irani. *Leandro Gomes de Barros:* no reino da poesia sertaneja. João Pessoa: Ed. Idéia, 2002.

PINHEIRO, Hélder (Org.) *Pesquisa em literatura*. Campina Grande: Ed. Bagagem, 2003.

QUINTANA, Mario. *Caderno H*. 4. ed. Porto Alegre: Globo, 1983.

SOBRINHO, José Alves. *Cantadores, repentistas e poetas populares*. Campina Grande: Ed. Bagagem, 2003.

REFLEXÕES SOBRE PRÁTICAS DE LETRAMENTO LITERÁRIO DE JOVENS: O QUE É *PERMITIDO* AO JOVEM LER?

Marta Passos Pinheiro

> Papai, me compra a Biblioteca Internacional
> [de Obras Célebres.
> São só 24 volumes encadernados
> em percalina verde.
> Meu filho, é livro demais para uma criança.
> Compra assim mesmo, pai, eu cresço logo.
> *Quando crescer eu compro. Agora não.*
>
> Carlos Drummond de Andrade

Este trabalho faz parte da pesquisa de doutorado sobre letramento literário no ensino fundamental. Como destaca Chartier (1996, p. 235), existem muitas vias possíveis para traçar uma história da leitura. Podem-se interrogar leitores, quando estes estão vivos, ou os objetos lidos. Nossa pesquisa segue pelos dois caminhos, sendo que o primeiro (interrogar leitores) abarca também uma observação de suas práticas de leitura em sala de aula. Para isso, acompanhamos, durante o ano letivo de 2003, as aulas de Português e de Literatura em uma turma de 5ª série do Ensino Fundamental da rede pública da cidade de Belo Horizonte[1].

---

[1] Na turma investigada, existe uma disciplina específica para o trabalho com o texto literário. Essa disciplina, Literatura, não é ministrada pela mesma professora que trabalha a disciplina Português. São quatro tempos, de 60 minutos, de Português semanais e um tempo de Literatura. Vale destacar que a professora de Português também trabalha textos literários com os alunos.

Estamos adotando a concepção de leitura como prática social, utilizada pela pesquisadora portuguesa Maria de Lourdes Dionísio (2000), em seu estudo sobre a construção escolar de comunidades de leitores. Essa concepção considera o leitor membro de uma *comunidade interpretativa*, definida por Fish como "uma entidade pública e coletiva composta por todos aqueles que partilham uma mesma estratégia de interpretação, um mesmo modelo de produção de textos ou que contam a mesma história acerca do mundo" (citado por Dionísio, 2000. p. 92). No conceito de Fish, Dionísio chama a atenção para "as operações interpretativas que os leitores põem em ação, operações que foram apreendidas e com as quais os indivíduos estão 'equipados'" (p. 92). É nessa perspectiva que esse conceito nos interessa. Enquanto membro de uma comunidade interpretativa, o indivíduo deve apresentar comportamentos, saberes, atitudes, valores *autorizados*, uniformizados pela *comunidade*. Sendo assim, as instituições em que nos movimentamos nos fornecem não apenas "as categorias necessárias à interpretação de um texto" (Fish, 1980, p. 331), mas também conceitos e valores que guiam a escolha dos textos. Entre as instituições formadoras da *comunidade*, podemos destacar a escola.

Neste trabalho, buscaremos responder a seguinte questão: o que é *permitido* ao jovem ler? Para isso, apresentaremos uma análise da prática de leitura literária de uma aluna, Renata[2], da turma investigada em nossa pesquisa. Utilizaremos trechos da entrevista que fizemos com Renata e algumas informações obtidas através das observações das aulas de Literatura.

Renata foi selecionada por realizar leituras autônomas. Como pudemos observar, as possibilidades de realização de "leituras autônomas" pelos alunos são determinadas pelas possibilidades de acesso a livros. Os alunos que demonstraram fazer esse tipo de leitura tiveram acesso a livros fora da

---

[2] Neste trabalho, preferimos utilizar um nome fictício para a aluna.[2]

escola. Renata ganhou livros de literatura (apesar de um número pequeno) dos pais e familiares e chegou até mesmo a comprar um livro na feira de livros da última escola em que estudou. Vale destacar que Renata possui família pequena e incentivo em casa para a leitura, diferentemente da maioria dos alunos de sua turma.

Na época da entrevista, Renata tinha acabado de desistir da leitura que vinha fazendo do primeiro livro da trilogia *O Senhor dos Anéis*, de J.R.R.Tolkien. Investigaremos as seguintes questões: O que levou Renata a escolher para a leitura o livro de Tolkien? Como esse livro foi adquirido? Por que Renata abandonou a leitura que vinha fazendo?

Primeiramente, é importante considerarmos algumas informações sobre a obra literária em questão. Tida como a obra prima de Tolkien, a trilogia *O Senhor dos Anéis* foi publicada em 1955. Na década seguinte, ela se tornou popular após a publicação das versões americanas. A obra de Tolkien, idolatrada pelos jovens da década de 60, vem conquistando, desde o final do século XX, um público jovem mais novo: os adolescentes e pré-adolescentes. A última reedição da trilogia foi acompanhada do lançamento, em 2001, do filme americano *O Senhor dos Anéis - A Sociedade do Anel*, baseado na obra de Tolkien e dirigido por Peter Jackson. Com sofisticados efeitos visuais, o filme conquistou um público bastante jovem, e a trilogia, que deu origem ao filme, passou a ser mais procurada por esse público.

Renata adquiriu a trilogia *O Senhor dos Anéis* através da assinatura que seu pai fez da revista *Isto É*. Ela disse ter "se animado a ler" porque já tinha ouvido falar muito sobre o filme. Contudo, ela não chegou a acabar a leitura nem mesmo do primeiro livro.

> Pesquisadora: Há pouco tempo você tava lendo *O Senhor dos Anéis*, que você me falou, né?
> Renata: É.
> Pesquisadora: Você acabou?
> Renata: Não acabei. Não consegui.

Pesquisadora: O que que você achou dele?
Renata: Ele é bom, só que ele é bem complicado pra... uma criança de 11 anos.
Pesquisadora: Complicado por quê?
Renata: Assim, as palavras são complicadas... Ele...é assim...também...não sei... Ele é muito grande também.
Pesquisadora: E quem te deu esse livro?
Renata: Veio junto com a *Isto é*. Era uma promoção. Assinava e ganhava os três.
Pesquisadora: E seu pai chegou a ler esse livro ou sua mãe...
Renata: Minha mãe começou a ler pra ver se eu podia ler. Aí, depois ela parou.
Pesquisadora: E ela começou a ler e falou "Cê pode ler" ou ela falou que era melhor você não ler?
Renata: Ela falou que eu podia ler, mas achou complicado também. Ela falou que não sabia se eu ia entender, mas eu podia ler.

Renata não concluiu a leitura de *O Senhor dos Anéis* porque teve, segundo ela, dificuldades de compreensão de vocabulário. Ela contou, conversando sobre o livro, que tinha de parar, em vários momentos da história, para procurar palavras no dicionário. Essa prática, comum na leitura como estudo, segundo Renata, fez com que ela não sentisse prazer na leitura.

Levantamos algumas hipóteses sobre possíveis fatores que contribuíram para que Renata não concluísse a leitura. Como podemos observar no trecho da entrevista, a mãe de Renata – que parece exercer um certo controle nas leituras da filha – disse-lhe disse que o livro era complicado, que não sabia se ela iria entendê-lo. Na escola, Renata também foi desestimulada pela professora de Literatura, na aula do dia 03 de abril.

A professora de Literatura ficou sabendo que Renata estava lendo *O Senhor dos Anéis* no dia 20 de março, durante o momento de leitura na biblioteca. Nesse dia, Renata não pegou nenhum livro emprestado e *nos* contou o motivo: em casa estava lendo um livro grande: *O Senhor dos Anéis*. No dia seguinte, no pátio da escola, antes do início das aulas, conversando com a professora de Literatura, pudemos observar seu incômodo em relação ao tipo de leitura que Renata estava fazendo. A professora disse não acreditar que a aluna estivesse lendo *O Senhor dos Anéis*.

No dia 03 de abril, a professora de Literatura distribuiu para os alunos o livro *Na próxima eleição vote no Draculão* – de Carlos Queiroz Telles e Eneas Carlos Pereira, editado pela FTD – e pediu à Renata para "dar uma parada" em *O Senhor dos Anéis,* destacando o livro que ela tinha passado, "que era literatura juvenil". Ela enfatizou que *O Senhor dos Anéis* era um livro grande, "para quem já conhecia a história da humanidade", e o que ela tinha passado era "mais facilzinho pra gente".

A literatura juvenil é destacada pela professora de Literatura como a adequada para os alunos da 5ª série. Ela é caracterizada pelo tamanho, não é *grande*, como *O Senhor dos Anéis*, e por sua forma de recepção: é "mais facilzinho". O tamanho do livro aparece associado ao grau de dificuldade de leitura, a uma recepção "mais fácil" ou "mais difícil". Esses valores estão presentes nos catálogos de literatura infantil e juvenil das editoras, como veremos mais adiante.

Renata parece ter apreendido os valores observados na fala da professora de Literatura. Na entrevista, realizada no dia 12 de junho, em que ela disse ter desistido da leitura de *O Senhor dos Anéis,* podemos observar – na transcrição de sua fala – que ela se sentiu incapaz de compreender o livro. Segundo ela, "ele é bem complicado pra... uma criança de 11 anos." Ela também destacou o fato de o livro ser muito grande. Ou seja, Renata *aprendeu* que ela deveria ler um livro menor, ou pelo menos não tão grande como *O Senhor dos Anéis*, que fosse "mais facilzinho".

Os livros de literatura preferidos pelos alunos leitores[3] da 5ª série nos levaram a refletir sobre os conceitos de literatura infantil e juvenil que vêm sendo veiculados em nossa

---

[3] Estamos nos referindo aos alunos que afirmaram gostar de ler, e cujas práticas de leitura observadas, nas aulas e na biblioteca, confirmaram a presença de um hábito de leitura. Vale destacar que alguns alunos da turma investigada não são sequer alfabetizados.

sociedade. Os alunos que afirmaram gostar de ler procuram "passar longe" dos livros que costumam ser destinados a crianças. Alguns desses alunos relataram preferir livros que apresentem a designação "literatura juvenil" ou que não possuam muitas ilustrações, interpretadas por eles como "coisas de criança". Esse é o caso de Renata:

> Pesquisadora: Que tipo de livro você pega na biblioteca?
> Renata: Eu gosto daqueles de literatura juvenil.
> Pesquisadora: Qual que você já pegou? Você lembra?
> Renata: Eu peguei *Robison Crusoé* e *Heidi*. *Heidi* eu tenho em casa também.
> Pesquisadora: Mas por que você falou literatura juvenil? Como é que é isso? É diferente...
> Renata: Assim, é porque tem mais coisas escritas e é bem explicadinho.
> Pesquisadora: É diferente do quê? O que significa juvenil pra você?
> Renata: É mais pra adolescente, né. Não é mais pra criancinha.
> Pesquisadora: Você se considera adolescente ou criança?
> Renata: Ah...no meio.
> Pesquisadora: No meio? Pré-adolescente?
> Renata: É.
> Pesquisadora: Então você acha que juvenil é maior e é mais explicado?
> Renata: É, não é complicado.
> Pesquisadora: Todos os livros de histórias que você tem, você ganhou dos seus pais?
> Renata: Os maiores foi a minha madrinha que me deu.
> Pesquisadora: E *Heidi*?
> Renata: *Heidi* fui eu que comprei.
> Pesquisadora: É? Com seu dinheiro? Como é que foi isso?
> Renata: É porque tava tendo uma feira de livro na escola, aí eu comprei esse. Eu achei ele legal, achei ele bonito, vi a capa... E eu olhei, achei ele legal e comprei.
> Pesquisadora: Você achou ele legal por quê?
> Renata: É porque eu vi assim que não tinha pouquinha coisa escrita e muito desenho. Tinha mais história escrita do que desenho.
> Pesquisadora: Isso que te chamou a atenção, pouco desenho e muita coisa escrita?
> Renata: É

Pesquisadora: Isso pra você é juvenil?
Renata: É.
Pesquisadora: Então, o que você considera como um livro infantil?
Renata: Aquele livro que tem muito desenho e pouquinha coisa escrita. As frases pouquinhas, frases curtas...
Pesquisadora: E por que será que isso acontece? Você já parou pra pensar?
Renata: É porque se colocar uma coisa grande, eles não vão ter interesse de ler, né?
Pesquisadora: Criança não tem interesse?
Renata: Não. Assim, se colocar um monte de coisa escrita...

Pode-se observar a necessidade dos alunos de 5ª série de se distinguirem do "segmento das crianças" pelas escolhas literárias. Absorvendo discursos veiculados pela Psicologia e pela Educação, sobre a definição de determinadas fases da vida como a infância e a adolescência, os alunos de 5ª série se consideram, e são considerados, pré-adolescentes. Para essa fase, a escola vem oferecendo um tipo de produção literária específico: a literatura juvenil, que, como destaca Renata, "tem mais coisas escritas e é bem explicadinho", "não é complicado". Enquanto o fato de ter mais coisas escritas distingue esse tipo de texto dos textos para crianças, o fato de "não ser complicado" parece o distinguir de textos "para adultos".

O conceito de literatura infantil e juvenil é relacionado pelos alunos à quantidade de "coisas escritas" no papel. Sendo assim, livros que apresentam muitas ilustrações e pouco texto seriam voltados para crianças. Quanto maior o livro, ou melhor, quanto mais texto escrito ele possuir, maior deverá ser a idade de seu público-alvo.

Investigando as práticas de leitura literária dos alunos, observamos que eles reproduzem conceitos de leitura e de literatura pertencentes ao "senso comum" da *comunidade interpretativa* da qual fazem parte. É principalmente na escola, importante instituição formadora da *comunidade interpretativa*, que o aluno desenvolve também habilidades e estratégias de leitura que definirão a forma como ele irá interagir com o texto literário. Podemos observar a existência de um rigoroso controle, exercido pela escola e pela família, da leitura desses jovens. Ao jovem não é *permitido* ler qualquer livro. A ele cabe ler uma parte *específica* da produção literária, nomeada de acordo com seu público-leitor alvo: a literatura juvenil. Essa denominação está presente nos catálogos das editoras e nas capas de muitos livros para o público jovem e adquiriu um papel importante em nossa pesquisa ao ser destacada, em entrevistas, pelos alunos.

A literatura juvenil *herdou* de seu público-alvo a falta de fronteiras nitidamente definidas. Como delimitar o início e o término da adolescência? A adolescência vem sendo definida como a fase inicial da juventude, como uma idade de transição, da infância para a fase adulta. Pelo *Estatuto da Criança e do Adolescente*[4], a adolescência dura até os 18 anos: "Considera-se criança, para os efeitos desta Lei, a pessoa até doze anos de idade incompletos, e adolescente aquela entre doze e dezoito anos de idade" (2003, p.15). Podemos definir literatura a partir da idade de seu público-leitor alvo? O que caracteriza um texto como juvenil? Marisa Lajolo destaca a instabilidade do conceito *juvenil* e afirma que os catálogos das editoras nos ensinam que

> juvenil é o texto que consta nos catálogos de editoras voltados para o inventário da produção "juvenil" daquela editora. Ou seja, com o mesmo direito que Mário de Andrade usou para dizer "conto é tudo aquilo que o autor achar que é conto", pode-se dizer que juvenil é toda obra que assim for considerada pelo seu editor. (2001, p. 29)

Nos catálogos de literatura infantil e juvenil da maioria das editoras, os livros são classificados por sugestão de faixa etária e por série. Como exemplo, o sumário do *Catálogo de Literatura Infantil 2003* da Ática (p.4-5) apresenta a seguinte

---

[4] Lei 8.069/90

classificação dos livros: de 0 a 5 anos (Educação Infantil); a partir de 6/7 anos (Educação Infantil/1ª série); a partir de 8/9 anos (2ª/3ª série); a partir de 10/11 anos (4ª/5ª série).

No *Catálogo Juvenil 2002/2003* da Ática, os livros são classificados por faixa escolar: livros para a 4ª e 5ª séries; livros para a 5ª e 6 ª séries; livros para a 7ª e 8ª séries e livros para a 8ª série em diante. Podemos observar que a 4ª e 5ª séries aparecem no catálogo infantil e no juvenil, demonstrando que os alunos dessas séries atravessam uma fase da vida de difícil definição, podendo ser considerados crianças ou jovens. Os alunos dessa faixa escolar, entre 10 e 11 anos, costumam ser classificados como pré-adolescentes.

Vale destacar que a maioria dos catálogos de literatura infantil e juvenil tem como público-alvo o professor, ou seja, os livros para crianças e jovens são livros escolares, devem ser escolhidos pelos professores e lidos na escola sob sua orientação. Nos catálogos, existe a preocupação em garantir ao professor que as histórias serão compreendidas por seus alunos. No *Catálogo Juvenil 2002/2003* da Ática, na parte que apresenta o perfil das coleções, encontramos informações como: "fácil de ler", "linguagem direta e acessível", "textos acessíveis", "contexto histórico e importância da obra explicados de forma acessível", "textos leves com personagens adolescentes". A maioria das coleções é acompanhada por suplemento de leitura. A partir do que foi exposto, indagamos: o que vem caracterizando a literatura juvenil? Será o jovem um leitor escolar, cuja leitura é determinada não apenas pela idade cronológica de seu leitor, mas também pela série em que se encontra na escola?

A separação entre as instâncias de produção e recepção da literatura entre leitores jovens e leitores adultos é questionada por Paulino:

> Quando se separa a literatura juvenil da adulta, o trânsito (entre as instâncias de produção, circulação e recepção da literatura) se interrompe, e o congestionamento pode deixar leitores parados no mesmo tipo de texto, no mesmo ponto da Avenida Afonso Pena, por muito tempo. (2001, p. 51)

Parados no mesmo tipo de texto, lendo por obrigação, engarrafados na Avenida Afonso Pena, os jovens não desenvolvem o letramento literário; estão sempre *a caminho de*, se preparando para a leitura dos livros considerados *importantes* (os que costumam ser cobrados no Vestibular?). Como destaca Zilberman (1999, p. 79-80), a leitura e a literatura na escola sempre se apresentaram com um caráter propedêutico, preparando para o melhor, que vem depois. Existe *o depois* para esses jovens? Que tipo de leitor está sendo formado na/pela escola? Parodiando Carlos Drummond de Andrade: E *o agora*, José?

Referências

BRASIL. *Estatuto da criança e do adolescente*: lei 8.069/90, 5. ed. Rio de Janeiro: DP&A, 2003.

CHARTIER, Roger. (Org.). *Práticas da leitura*. São Paulo: Estação Liberdade, 1996.

DIONÍSIO, Maria de Lourdes da Trindade. *A construção escolar de comunidades de leitores*: leituras do manual de português. Coimbra: Almedina, 2000.

FISH, Stanley. *Is there a text in this class? The authority of interpretative communities*. Cambridge (Mass.): Harvard University Press, 1980.

LAJOLO, Marisa. *Do mundo da leitura para a leitura do mundo*, 6. ed. São Paulo: Ática, 2001.

PAULINO, Graça. A passagem da literatura juvenil para a literatura adulta. In: *Releitura*. Belo Horizonte: BPIJ-BH, n.15. abr. 2001, p. 49-52.

TOLKIEN, J. R. R. *O Senhor dos Anéis*. São Paulo: Martins Fontes, 2000.

ZILBERMAN, Regina. Leitura literária e outras leituras. In: BATISTA, Antônio Augusto; GALVÃO, Ana Maria de Oliveira (Org.) *Leitura: práticas, impressos, letramentos*. Belo Horizonte: Autêntica, 1999.

RELAÇÕES ENTRE O LETRAMENTO LITERÁRIO E A FORMAÇÃO DO ESCRITOR EM *A MENINA DO SOBRADO*, DE CYRO DOS ANJOS[1]

Hércules Tolêdo Corrêa
Georgia Roberta de Oliveira Ribeiro

O termo *letramento* designa o processo individual e social de apropriação do mundo da escrita, como uma espécie de continuidade/ampliação do processo de *alfabetização* (Soares, 1998). Dessa forma, os processos de letramento, de maneira geral, e de letramento literário (entendido como a apropriação da tradição literária) têm sido objetos de pesquisas recentes e relevantes no panorama acadêmico.

Partindo-se do conceito de letramento e suas implicações sociais e individuais, estamos desenvolvendo um projeto de pesquisa que procura estabelecer as relações entre a formação do leitor e a formação do escritor, circunstanciada por diferentes mediadores de leitura, como a família, o grupo social e a escola, tendo como fonte a narrativa memorialística *A menina do sobrado* (AMS), do escritor mineiro Cyro dos Anjos (1906-1994). Essa obra foi publicada em 1979 e divide-se em duas partes: a primeira consiste na revisão do conjunto de crônicas publicado em 1963, com o título de *Explorações no tempo* e retrata a infância e a adolescência

---

[1] Este texto é produto parcial da pesquisa em andamento financiada pelo Centro Universitário de Belo Horizonte (período: junho/2002 a junho/2004), intitulada: Educação, literatura e subjetividade: relações entre o letramento literário e a formação do escritor.

do narrador, e intitula-se *Santana do Rio Verde* (nome fictício dado à cidade em que vivia o narrador e sua família); a segunda parte intitula-se *Mocidade, amores* e retrata a juventude do narrador em Belo Horizonte nos anos vinte do século passado.[2]

Formação do leitor

A leitura dos primeiros capítulos de *Santana do Rio Verde* já mostra que o contato do narrador com a literatura ocorre bem antes de sua entrada na escola, ou seja, antes de sua alfabetização. Às páginas 13 e 21, o narrador relata o seu interesse pelas histórias da Carochinha, contadas pelo primo Ataualpa, filho da Tia Julinda, quando, juntamente com o irmão Benjamin, se desinteressavam da conversa de gente grande, à porta da Loja dos pais, para dar atenção à história triste de Dom Ratinho, às maldades de Barba-Azul ou às peripécias de Pedro Malasartes e do Gato de Botas de Sete Léguas. Muitas dessas histórias constituem adaptações do brasileiro Figueiredo Pimentel dos contos populares coletados e reescritos por Charles Perrault, na França, pelos Irmãos Grimm, na Alemanha, e a literatura produzida pelo dinamarquês Andersen.[3] O narrador também relata o seu interesse, embora menor, pelas histórias de Luísa Velha, "com as suas onças e mulas-sem-cabeça, os seus coelhos, macacos e lobisomens" (p. 24), oriundas do folclore nacional. Nessa mesma página, o próprio narrador teoriza sobre essas preferências: "cada estação da infância pede uma literatura específica", e se redime por

---

[2] Neste trabalho, foi utilizada a edição ANJOS, Cyro dos. *A menina do sobrado*. 2a ed. Rio de Janeiro/Belo Horizonte: Garnier, 1994. A partir de daqui, a referência será feita com a sigla *AMS*.

[3] Datam da última década do século dezenove a publicação dos livros *Histórias da Carochinha*, *Histórias da Avozinha* e *Histórias da baratinha*, de Figueiredo Pimentel, editadas pela Livraria Quaresma. (Lajolo e Zilberman, 1999, p. 29)

ter dado mais valor, na página 21, às histórias de Ataualpa, e conclui:

> contudo, o cotejo, distraidamente feito, muito me ajudou a alcançar as profundezas do meu ser, revelando-me, no campo fabulístico, a existência de um ciclo de Luísa Velha, que, precedendo o de Ataualpa, deve situar-se nos confins exploráveis da infância. (p. 26)

Paralelamente a esse contato prazeroso com a literatura de tradição oral, vindo de dois mediadores com características distintas, o narrador relata ainda o seu sofrimento com as sessões de leitura erudita feitas por seu pai, após os jantares (p. 9-10). Nessas ocasiões, o pai lia reflexões filosóficas, livros científicos de Darwin, discursos de Rui Barbosa no Senado, ensaios, biografias (p. 10). O narrador relata ainda os saraus familiares em que o primo Honor declamava poesias de Castro Alves, Casimiro de Abreu, Fagundes Varela, Olavo Bilac ou do poeta Vilobaldo, amigo da família em Santana do Rio Verde, que "caceteavam bastante" aos "miúdos" da casa (p. 18).

A gênese do prazer estético do narrador também é revelada quando ele trata dos momentos em que, apaixonado por Risoleta, três anos mais velha, a observava em suas brincadeiras de roda:

> era o incipiente prazer estético, a fazer com que eu me embevecesse não propriamente em mirar a criatura amada, mas em lhe ouvir ternas cantigas, que diziam de amor e de flores. (p. 22)

Outro momento significativo da formação do leitor literário representado em *AMS* é descrito no capítulo 35 – Amores de Planchet. Nesse capítulo, o narrador está na adolescência e trabalha como estagiário em uma farmácia. Em seus momentos de folga, consome romances de capa e espada. A relação dele e de seus amigos à época, a saber, Newton, Lahire e o irmão Beijo (Benjamin), com *Os três mosqueteiros*, *O Conde de Monte Cristo* e *Memórias de um médico*, de Alexandre Dumas (o pai) (1802-1870), é tão intensa, que passam a assinar nomes como Bazin, Planchet, Grimaud e Mousqueton, criados das personagens Athos, Porthos, Aramis e d´Artagnan, de *Os três mosqueteiros,* nos bilhetes trocados entre eles. No capítulo seguinte, os romances de Victor Hugo (1802-1885) (*Os miseráveis, Notre-Dame de Paris, Noventa e três*) passam a ser a preferência do narrador, quando ele vai passar uma temporada no sítio de seu tio Tatá, em Várzea Alegre. Lá, descobre Balzac (1799-1850) e sua *Fisiologia do casamento,* cuja leitura é substituída por *Quo Vadis,* quando o tio descobre.

Antes de prosseguirmos, é preciso abrir um parênteses para tratarmos da relação entre literatura e memória. Ao trabalhar com uma narrativa memorialística como fonte para essa pesquisa, é importante discutir e esclarecer alguns conceitos e pontos de vista. O tempo da memória é social, não só porque marca as datas do trabalho e da festa, do evento político e do fato infreqüente, mas também porque repercute no modo de lembrar. Lembrar significa: vir à tona o que estava submerso. Essa busca do passado mistura-se com o processo corporal e presente da percepção, como mostra Ecléa Bosi:

> Aos dados imediatos e presentes dos nossos sentidos nós misturamos milhares de pormenores da nossa experiência passada. Quase sempre essas lembranças deslocam nossas percepções reais, das quais retemos então apenas algumas indicações, meros signos destinados a evocar antigas imagens. (Bosi, 1979)

Percebe-se, então, que a memória tem uma função decisiva, que é permitir a relação do presente com o passado e, ao mesmo tempo, intervir no processo atual das representações. Através da memória, o passado não somente ressurge, misturando-se com as percepções imediatas, como também, ocupa o espaço na consciência. "A memória aparece como força subjetiva e ao mesmo tempo profunda e ativa, latente e penetrante, oculta e invasora. A memória seria o lado subjetivo de nosso conhecimento das coisas" (Bosi, 1979).

Ainda na mesma obra, Ecléa Bosi afirma que: "O passado conserva-se e, além de conservar-se, atua no presente, mas não de forma homogênea". De um lado, aparece o corpo como guardião de esquemas de comportamento, e de outro lado as lembranças isoladas, como manifestações do passado.

"A lembrança é a sobrevivência do passado. O passado, conservando-se no espírito de cada ser humano, aflora à consciência na forma de imagens-lembrança" (Bosi, 1979). Esse afloramento dependerá da relação social que o indivíduo possui, isto é, do seu relacionamento com o seu grupo de convívio. "A memória não é sonho, é trabalho" (Bosi, 1979), por isso o passado é um objeto subjetivo, pois depende da visão de cada um sobre um fato.

Em sua obra, Ecléa Bosi deixa claro que, para a coexistência do passado, hoje, é preciso de uma fonte que o permita transcursar pelo tempo. E uma dessas fontes é a literatura que pode ser considerada como uma guardiã do passado. A arte literária desempenha a função social de manter acesa a chama da memória, possibilitando, assim, por meio de sua existência, consertar falhas e promover um presente e um futuro melhor.

Sob esse aspecto, o fragmento abaixo, de *AMS*, é exemplar:

> Em certos indivíduos, não muito normais, escrever é pura compulsão, programação genética. Extravagância da Espécie! Ou escrevem ou estouram. E, afinal, não há porque vincular memórias à dimensão dos acontecimentos de que o herói participou. Podem brotar, e brotam, da simples ressonância lírica produzida em nós por fatos triviais da vida. Lírica ou épica... Quem não traz no peito epopéias? Fatos *triviais,* eu disse. No fundo, nada é trivial, todo acontecimento é único, singular. Sucede, também, que certo eflúvio das coisas a que chamamos beleza, colhido por nós de passagem, por vezes aspira à permanência, quer ser escrito, pintado, esculpido, musicado. A beleza do sol matinal dourando a cabeça de uma adolescente, a beleza de tal gesto humano ou do olhar de um cão, a do renque de palmeiras perdido no crepúsculo, a da vida, a da vida, a da vida...[4] (Anjos, 1994, p. 418-419)

---

[4] Pode-se perceber que a presença das reticências remete a uma característica memorialística, que é divagar sobre um fato lembrado.

Nesse trecho percebe-se como é valorizada a memória, a oportunidade de ressimbolizar um tempo aparentemente esquecido na memória é importante para que se perceba o quanto as narrativas ainda falam, de uma forma ficcional ou realista, da vida e da própria condição humana.

Ana Maria Machado, no livro *Como e por que ler os clássicos universais desde cedo*, ao tratar dos contos da tradição oral, mostra que o homem conta histórias para tentar entender a vida, sua passagem pelo mundo, para ver na existência uma espécie de lógica. Segundo a escritora, cada texto e cada autor lidam com elementos diferentes nessa busca, e vão adequando formas de expressão e conteúdo de modo a que se mantenha uma coerência interna profunda e o sentido social de cada uma. Sobre esse aspecto, o narrador de *AMS* também retrata o valor da literatura oral que lhe fora repassada durante a sua infância, contribuindo para o seu processo de letramento literário, conforme já se apontou, mas vai mais além:

> Contudo, o cotejo, distraidamente feito, muito me ajudou a alcançar as profundezas do meu ser, revelando-me, no campo fabulístico, a existência de um ciclo de Luísa Velha, que, precedendo o de Ataualpa, deve situar-se nos confins exploráveis da infância [...]. Retomo o fio do pensamento, para concluir que as narrativas da velha atingem, assim, as próprias fronteiras de minha memória, desvendando a derradeira camada, o último tempo ainda captável, confinante daquele em que o mano Benjamim e eu, sentados no passeio, com os olhos presos à torre do Mercado, intimamente suplicávamos aos ponteiros do seu relógio que não andassem tão depressa, pois, badalando oito horas, Tia Julinda levaria Ataualpa consigo. (Anjos, 1994, p. 26)

A memória social de um povo pode ser estudada através das obras literárias, se se pensa a literatura como um discurso cultural. Antonio Candido se refere à relação entre memória e literatura:

> Num livro de memórias, o toque de poesia por si só já confere exemplaridade, graças ao milagre da consubstanciação que cria

o mais geral sob as espécies do mais particular... esse tratamento ficcional, em que a realidade é revista e francamente completada pela imaginação, avulta em momentos fundamentais do livro, sendo empregado inclusive para captar os elementos devidos à exposição documentada ou à experiência direta, isto é, que foram obtidos sem recurso à imaginação. Por isso o leitor se habitua a receber a verdade sob o aspecto da ficção... (CANDIDO, 2000, p. 59-62)

Wander Melo Miranda, em *Corpos Escritos*, também relaciona a memória com a literatura:

> A autobiografia tende a assimilar técnicas e procedimentos estilísticos próprios da ficção. Isso evidencia o paradoxo da autobiografia literária, a qual pretende ser simultaneamente um discurso verídico e uma forma de arte, situando-se no centro da tensão entre a transparência referencial e a pesquisa estética e estabelecendo uma gradação entre textos que vão da insipidez do curriculum vitae à complexa elaboração formal da pura poesia. (MIRANDA, 1992, p. 30)

Se nenhuma memória é exclusiva de um indivíduo e não se mantém impenetrável às lembranças dos outros, à ficção, e é social, histórica, cultural, simbólica, na memória do narrador de um livro esse aspecto social é preponderante. Ele tem o desempenho social de narrar a forma de vida de um grupo específico. "O corpo de conhecimentos do grupo é o elemento fundamental da sua unidade e da sua personalidade, e a transmissão deste capital intelectual representa a condição necessária para a sua sobrevivência material e social". (Leroi-Gourhan, 1987, p. 59) Bakhtin também afirma que:

> O homem não pode juntar a si mesmo num todo exterior relativamente concluído, porque vive a sua vida na categoria de seu eu [...]. É nesse sentido que o homem tem uma necessidade estética absoluta do outro, da sua visão e da sua memória. (BAKHTIN, 1997, p. 5)

Portanto, a autobiografia não é só a memória do narrador. É a memória dos conhecidos, é a história do mundo. Em *AMS*, Cyro dos Anjos viu-se forçado a fazer uma digressão sobre a história política de Belo Horizonte, para continuar narrando sobre os acontecimentos da sua vida: "Fiz uma longa digressão. É tempo de mostrar que nexo existe entre minha modesta biografia e esses acontecimentos da política mineira" (p. 414).

Aristóteles já afirmava que existe uma preeminência teórica entre a literatura e a História:

> Por referir-se ao universal entendo eu atribuir a um indivíduo de determinada natureza pensamentos e ações que, por liame de necessidade e verossimilhança, convêm a tal natureza; e ao universal assim entendido visa a poesia, ainda que dê nome aos seus personagens. (Aristóteles, ed. 1996, p. 78)

"Com efeito, a atividade do artista estimula a diferenciação de grupos; a criação de obras modifica os recursos de comunicação expressiva; as obras delimitam e organizam o público." (Candido, 2000, p. 22). Por tudo isso se percebe que a literatura e a memória compartilham de pressupostos parecidos, buscando as relações sociais entre as eras e os indivíduos que nelas fizeram a sua história.

Ainda é necessário explorar a questão da possível diferença entre memória e autobiografia. Wander Melo Miranda levanta essa questão:

> Finalmente, a distinção entre memorialismo e autobiografia pode ser buscada no fato de que o tema tratado pelos textos memorialistas não é o da vida individual, o da história de uma personalidade, características essenciais da autobiografia. Nas memórias, a narrativa da vida do autor é contaminada pela dos acontecimentos testemunhados que passam a ser privilegiados. Mesmo se se consideram as memórias como a narrativa do que foi visto ou escutado, feito ou dito, e a autobiografia como o relato do que o indivíduo foi, a distinção entre ambas não se mantém muito nítida. O mais comum é a interpenetração dessas duas esferas e, quase sempre, a tentativa de dissociá-las é devida a critérios meramente subjetivos ou, quando muito, serve de recurso metodológico... (Miranda, 1992, p. 36)

Ao terminar o capítulo sobre autobiografia, Miranda consegue retratar com clareza a junção entre a memória e a literatura, se referindo ao "pacto fantástico" que existe entre elas, pois o indivíduo real se desdobra em "um ser de papel, e a autobiografia [...] em uma forma de encenação ilusória de um eu exclusivo" (p. 38).

Cyro dos Anjos também consegue, no seu livro, explicitar essa questão:

> Penso: não seria melhor atirar a pena pela janela, tornar-me puro leitor, sopitar esse vão desejo de trasladar ao papel a minha vã experiência? Já não consulto o fero Espelho, e sim ao meu filósofo de Várzea Alegre, de quem falei noutras páginas. Propõe-me, sabiamente, que vá ficando por aqui. Escrevo. A menina do Sobrado tece o seu intérmino tapete. Envelheci. Ela continua com dezessete anos, enamorada da vida. (ANJOS, 1994, p. 421)

Percebe-se, dessa forma, que a memória e a literatura desde muito tempo andam interligadas, representando um elo mítico, mas também real, entre o passado, o presente e até mesmo o futuro. A ficção empresta à vida todo o seu lirismo, que por sua vez foi construído mediante um processo atemporal real.

De leitor a escritor

O narrador de *AMS* é um adulto que rememora suas experiências, da infância à fase adulta, descrevendo sua formação, por meio da influência de pessoas que o cercaram e suas práticas culturais. Assim, o narrador em primeira pessoa, típico do texto memorialístico, vai reconstruindo o seu passado, dando-lhe a forma de texto.

Ao mesmo tempo em que narra, o narrador se debruça sobre o ato de recordar. Enquanto narra, sua memória vai trazendo traços que pareciam apagados: "a névoa se adensa, nada mais vejo, a não ser imagens sem data". (p. 26) Vale dizer que o narrador, por vezes, questiona a própria memória.

O partilhamento das memórias ocorre com o eu da coletividade: "Se embirrávamos e exigíamos matéria nova [...]"

(p. 27), com os outros, leitores do livro: "Queria-me um pouco ou apenas exercitava o seu poder de sedução? [...]"(p. 21); e consigo mesmo, o narrador é um outro de si mesmo através de um personagem ficcional, o Espelho: "– Diz-me, fiel Espelho meu: culpado quem foi?" (p. 418); que possui um significado duplo: dar um sentido à própria existência e ser o narrador do grupo. Essa estrutura é feita em forma de narração. "A narração da própria vida é o testemunho mais eloqüente dos modos que a pessoa tem de lembrar. É a *sua* memória." (Bosi, 1979, p. 68)

O narrador não é onisciente com relação aos seus sentimentos, na medida em que vai se autodescobrindo, se questionando enquanto narra: "Deixei-me ficar quieto, para não turbar o acontecimento súbito que manou dentro de mim. Contentamento? Melhor diria sensação de paz, comunhão com a eternidade" (p. 243). Preenche, assim, os lugares de narrador e narrado.

Com relação à autobiografia, é preciso lembrar que a narrativa não é um retrato fiel da experiência do escritor. Ele a recria com a sua imaginação no momento em que a transfere para o papel, pois a recordação não resgata a originalidade com que os fatos ocorreram, o próprio narrador confessa a ficcionalidade autobiográfica:

> Das emoções – dizem os especialistas – apenas se conserva o registro intelectual, nunca a tonalidade afetiva, que o tempo apaga, por certo em nosso próprio interesse. Que seria da gente, se pudesse de fato revivê-las, tão maior que o das agradáveis é o número das que nos deprimem ou ferem de mortal desgosto? Não poderia eu reproduzir, aqui, o abalo daquele instante... (Anjos, 1994, p. 190)

Por mais límpidas que pareçam as rememorações, elas não são idênticas ao que se experimentou na época do seu acontecimento, porque "nós não somos os mesmos de então e porque nossa percepção alterou-se e, com ela, nossas idéias, nosso juízos de realidade e valor"[4], como relata o narrador de *A menina do sobrado*: "Mas, refletindo sobre reações análogas, que me ocorreram na idade madura, persuado-me que fui movido apenas pela indignação contra a justiça recebida [...]" (p. 337).

Portanto, "o narrador do livro reconstrói sua biografia por meio das narrativas porque a linguagem é um instrumento socializador da memória"[5]. Ele nos narra uma "história cheia de memórias, mas cheia também de revisões, de recuperações, de construções atuais daquilo que foi passado"[6], dando à autobiografia um estilo ficcional. Também nos narra uma história cheia de referências culturais, marcada e influenciada por suas leituras. O narrador não somente justifica a sua personalidade, como também retrata, no decorrer da obra, o seu letramento literário, que contribuiu para a sua formação de escritor.

A relação entre a leitura e a vida pode ser muito expressiva se não forem distanciados os elos dessa cadeia. Esse vínculo pode ser alcançado por meio da criação de espaços para conversas, para manuseio e leitura de materiais escritos variados e algumas situações em que os indivíduos convivam intimamente com a diversidade literária, que, na sociedade letrada, cumprem funções específicas e diferenciadas.

No que se refere às memórias de Cyro dos Anjos, percebe-se que essa variedade literária lhe era oferecida desde criança, através da família:

> Dos tempos do Curso Froebel, lembra-me ainda que, ao regressar de uma viagem ao Rio, o Pai me trouxe de presente o livro *O menino da Mata e seu Cão Piloto*. Eu soletrava com dificuldade as legendas que vinham [...] Ataualpa iria ler-me uma porção de vezes essa história, que deveria ser apaixonante, com o

---

[4] KENSKI, citado por BAKHTIN, 1997, p. 55.
[5] BOSI, 1979, p. 69.
[6] KENSKI, citado por BAKHTIN, 1997, p. 150.

Cão, o Menino, a Mata e, finalmente, o nome Piloto, por si só capaz de excitar a minha imaginação. [...] Acredito, porém, que tal lembrança tenha sobrenadado entre mil outras perdidas, menos pelo interesse da narrativa, que pelo inusitado gesto do meu pai. Foi o único presente que recebi em toda a minha infância... (ANJOS, 1994, p. 47-48)

e dos amigos da família:

De volta à casa do padrinho, muita coisa podia-se fazer: trepar nas mangueiras do quintal; jogar bolinha, pagando apostas com selos usados; *folhear livros de histórias; manuscrever o jornalzinho Horas Vagas*, de que se tirava meia dúzia de exemplares, ou, finalmente, armar papagaios que deviam ser empinados à tarde [...] (p. 55) (grifos nossos)

Práticas de leitura – não só literária, mas também filosófica e científica – estão bem presentes na vida familiar do narrador de *A menina do sobrado* por meio de exemplos vívidos, retirados das ações do seu próprio pai: "Torno às tardes domingueiras para dizer que – enquanto meu Pai, inimigo de sestas, se assentava à cadeira de balanço da sala de visitas, abria um livro e se punha a ler [...]"[7] e também dos seus parentes:

Um hóspede que recebíamos [...] o velho Tatá, meu tio materno [...] Direi também que sua sabedoria talvez não fosse puramente nativa e que alguma de suas idéias viriam de leituras, poucas, mas ruminadas [...] Mais de uma vez, vi-o arrebatar livros que lhe punham sob os olhos com sofreguidão de causar surpresa [...] Se lhe interessavam, nunca os devolvia ao dono. Daí despedir-se Loiola dramaticamente dos volumes que lhe emprestava, afagando-os, em derradeira carícia. (p. 76)

Com relação ao estímulo escolar, o narrador relata o incentivo literário advindo de um dos seus professores:

Do acontecido entre 1913 e 1916, lembra-me, ainda, ter sido presenteado, por Seu Xandu, com uma edição infantil dos

---

[7] ANJOS, 1994, p. 54.

> *Lusíadas.* Já me dera antes, a história dos sete sábios da Grécia. Achava-me um menino-prodígio, queria estimular-me [...] (p. 60).

Já no início de sua vida escolar, o narrador demonstra aptidão para a escrita de textos de gêneros distintos: a poesia: "[...] Estou crescido, acabo de fazer uma poesia, ainda sob a impressão da cachoeira do Sapé! Não poderei cultivar melenas, como o poeta Vilobaldo? Ou o Pai teria visto meus versos no *Pândego,* o novo jornal meu e do compadre Newton?"[8]; e a notícia: "Por essa época, eu redigia, com os compadres Newton e Rosalvo, um jornalzinho manuscrito intitulado *Vênus*" (p. 60).

A aptidão para a escrita foi tomando amplitude e consciência no decorrer dos anos: "[...] descubro-me todo prosa, noutra cena do políptico: já não me envolvo com jornais manuscritos; edito o *Civilista* em letra de forma, por ter o Dr. Giovani Vecchio resolvido imprimir as minhas escrevinhações na tipografia da *Verdade,* órgão do Bispado [...]"[9] Percebe-se, então, que o próprio narrador enaltece a diferença entre as publicações, apesar de ambas serem de cunho primário, pois, mais adiante na narrativa, volta a referir-se a elas:

> Resultou, igualmente, do episcopal advento, que o autor destas linhas, antes editor de jornaizinhos manuscritos pudesse, em 1916 – graças à benemerência do Dr. Giovani Vecchio, diretor do jornal eclesiástico *A verdade* – publicar em letra de forma *O Civilista,* nome sugerido, ainda, pelos ecos da campanha presidencial de 1909. (ANJOS, 1994, p. 105-106)

O letramento literário assinala uma inclusão basicamente leitural. Isso não corresponde a um apassivamento do leitor, uma vez que a leitura literária implica a participação do leitor no

---

[8] ANJOS, 1994, p. 62: Percebe-se nesse trecho a importância que o narrador dá ao pai, com relação à sua produção literária. O narrador relaciona o fato de ter tido a cabeça raspada pelo pai a um castigo, como se ele o tivesse castigado por não ter gostado dos seus versos.

[9] ANJOS, 1994, p. 63.

processo de recriação do texto, por meio de um fazer tão estético quanto o do autor. Nota-se, então, que o narrador de *AMS* foi, com o passar dos anos, não somente aprimorando o seu letramento literário, como tomando consciência desse seu ato.

Referências

ANJOS, Cyro dos. *A menina do sobrado*. (memórias) 2. ed. Rio de Janeiro/Belo Horizonte: Garnier, 1994. (A primeira edição, com este título, é de José Olympio-INL-MEC e data de 1979).

ANJOS, Cyro dos. *A criação literária.* (ensaio) 2. ed. Rio de Janeiro: MEC, 1956.

ARISTÓTELES. *Poética.* Porto Alegre: Globo, 1966.

BAKHTIN, Mikhail. *Estética da criação verbal.* Tradução de Maria Ermantina Galvão G. Pereira. 2. ed. São Paulo: Martins Fontes, 1997.

BOSI, Ecléa: *Memória e Sociedade: lembranças de Velhos.* São Paulo: T. A. Queiroz, 1979.

CANDIDO, Antonio: *A educação pela noite & outros ensaios.* 3. ed. São Paulo: Ática, 2000.

_____: *Literatura e sociedade.* 8. ed. São Paulo: Publifolha, 2000.

LAJOLO, Marisa e ZILBERMAN, Regina. *Literatura infantil brasileira*: História & Histórias. 6. ed. São Paulo: Ática, 1999.

LEROI-GOURHAN, André. *O gesto e a palavra.* Tradução de Emanuel Godinho. Lisboa: Edições 70, 1987. (volume 2 – Memória e ritmos)

MACHADO, Ana Maria. *Como e por que ler os clássicos desde cedo.* Rio de Janeiro: Objetiva, 2002.

MIRANDA, Wander Melo. *Corpos escritos.* Belo Horizonte: UFMG, 1992.

SOARES, Magda. *Letramento*: um tema em três gêneros. Belo Horizonte: Autêntica,1998.

SOCIALIZANDO PRÁTICAS DE LEITURA

BEAGALÊ: A LEITURA EM QUATRO AÇÕES CONVERGENTES

Marlene Edite Pereira de Rezende

> Livros são para entender o mundo
> e acompanhar nossas viagens pela vida.
>
> Ao amigo Geraldo, *in-memorian*[1]

No começo o livro era um carrinho. Com as rodas a balançar no alto, quase como um avião, passando e atravessando o olhar do outro. Muitas vezes o livro serviu para dividir o ambiente, que os leitores imaginavam ser sala, quarto, cozinha. Cadeiras enfileiradas viravam o trem, o ônibus em suas viagens. As sombrinhas das mesas viravam carrossel e, rodando, davam ao *Ponto de Leitura* outros contextos em que as crianças eram as personagens. Saber das letras que contam a história era a última coisa que lhes interessavam. Assim, por muitas vezes, o livro foi brinquedo. E brincando, começaram a perceber nas ilustrações elementos de seu mundo, iniciando o contato com a arte. E, no mundo do livro e da leitura, a arte tem papel fundamental ao propiciar ao leitor as relações entre o que se lê e suas experiências pessoais. Naturalmente, a leitura prazerosa, por si mesma, atrai aquele que a procura.

Mas como chegar em locais onde crianças sequer conhecem o que é um livro e onde adultos e jovens têm suas

---

[1] Sr. Geraldo Reis: ex-funcionário da Mina de Morro Velho e da Câmara Municipal de Raposos. Foi um grande leitor do Carro-Biblioteca da UFMG, no município de Raposos/MG, e hoje não se encontra entre nós.

preferências de lazer focadas em outras atividades? Esses são alguns dos desafios colocados para a equipe que vem desenvolvendo as ações do Projeto Beagalê[2], coordenado pela Biblioteca Pública Infantil e Juvenil de Belo Horizonte – BPIJBH, da Secretaria Municipal de Cultura, e iniciado em abril de 2003.

Na rotina do dia entre os moradores, a leitura começa pelo jornal, revistas informativas ou de entretenimento. Quando algo diferente acontece na vila, a primeira atitude é procurar, nas páginas do jornal, se a notícia está estampada. A parte de classificados auxilia aqueles que estão em busca de emprego, ou em algum negócio que pretendem realizar. Com o jornal acompanham também a vida, tanto de seus vizinhos quanto dos moradores de outras vilas. As revistas que abordam assuntos de interesse de jovens e adultos são disputadas pelos que vão ao Ponto de Leitura. Revistas de entretenimento com notícias sobre artistas, moda, culinária, esportes, trabalhos artesanais circulam de mão-em-mão. No acervo há também as revistas com trabalhos em fuxico, artesanato em tecido que é grande atrativo entre um grupo de mulheres que fazem desta arte uma complementação de renda. Crianças e jovens envolvem-se com os quadrinhos e histórias de aventuras.

Os livros de literatura para crianças são distribuídos em uma mala, para que elas possam manuseá-los à vontade. Oferecer uma coleção diversificada que atenda desde crianças bem pequenas até aquelas que têm domínio da leitura tem contribuído para manter o interesse infantil.

Em alguns momentos, histórias são lidas para as crianças que ainda não sabem ler. Outras são atraídas para ouvir as histórias. Nota-se que os momentos de ler histórias e folhear os livros são necessários. O ouvir desenvolve nas crianças a habilidade de escutar, perceber o ritmo e a entonação das

---

[2] Projeto Beagalê é desenvolvido em quatro sub-projetos: *"De Mãos Dadas pela Leitura; Bibliotecas Comunitárias; Ponto de Leitura e Estudos Temáticos"*. Seu objetivo é ampliar e fortalecer uma política de incentivo à leitura, no município.

palavras etc., enquanto, ao folhear, descobrem a forma correta de abrir e manusear o livro. Perceber detalhes da ilustração garante às crianças apurar a percepção através do olhar. Há locais onde a poesia torna-se a preferida pelos leitores. Nesses momentos, acontece a leitura coletiva para os demais apreciadores do gênero. Alguns deixam de participar em função de dificuldades e do desafio que a leitura em público apresenta. Brincadeiras com adivinhas muitas vezes motivam crianças e jovens a retornarem para saber a resposta ou apresentar novos desafios para os colegas.

Entretanto, há momentos em que a leitura no Ponto é vista de uma outra forma, principalmente por adultos. Ela deixa de ser percebida no seu caráter de informar e propiciar lazer às pessoas, em manifestações do tipo "leitura é só para aqueles que não têm nada que fazer" ou "isso é coisa para quem está na escola". Há também os casos de pessoas analfabetas que têm dificuldade em manifestar sua condição. Isso demonstra a necessidade de iniciativas que promovam uma reflexão em torno da leitura, bem como propostas que possam atender àqueles que não detêm conhecimento do código escrito.

Com uma estrutura bastante simples, com tendas, mesas e cadeiras, expositores de livros e revistas, onde são colocados jornais do dia, títulos variados de revistas informativas e de entretenimento além de livros de literatura para atender aos diversos públicos, o Ponto tem se apresentado como um espaço de ações de promoção da leitura.

Como projeto itinerante, tem revelado o quanto as instituições públicas e privadas precisam investir em espaços efetivos de leitura, viabilizando ações de promoção e incentivo à leitura, com propostas que possam ser somadas às outras e onde cidadãos sejam plenamente reconhecidos em seus direitos de acesso à leitura e informação. Assim, a Secretaria Municipal de Cultura, ao participar junto com a Secretaria Municipal da Coordenação de Política Social, no Programa piloto BH-Cidadania,[3] voltado para aqueles cujo acesso aos bens culturais é dificultado por vários fatores, contribui para que programas culturais possam minimizar esta exclusão.

Uma experiência de realização, fora do âmbito das comunidades atendidas no BH-Cidadania, acontece no espaço do Parque Municipal. O projeto atinge um público com diferentes características das encontradas nas Vilas. São em geral adultos transeuntes, pessoas desempregadas ou moradores de rua, trabalhadores da região em horário de almoço, aqueles que estão no complexo hospitalar por trabalho ou como acompanhante. O projeto no parque, que abre a possibilidade de leitura de revistas, jornais e textos literários, tem recebido críticas positivas dos seus freqüentadores. Um outro sub-projeto é o "Bibliotecas Comunitárias", que tem como proposta o desenvolvimento de ações junto a bibliotecas previamente cadastradas.

Durante a elaboração do Beagalê, tentou-se um levantamento de estudos que abordasse a temática dos espaços alternativos de leitura. Mas poucos foram os estudos encontrados. Isso dificulta a compreensão e uma conceituação dessas bibliotecas, pois conceituar exige precisar do que se fala. Percebe-se que eles se apresentam como espaços alternativos de serviços de biblioteca, criados para atender à necessidade de leitura, ao acesso à informação e também para apoiar manifestações culturais da comunidade.

O que é realmente uma biblioteca comunitária? Em que aspectos é diferenciada das demais? Biblioteca comunitária e biblioteca popular têm o mesmo significado? A decisão por um trabalho que contemplasse essas bibliotecas foi motivada pelo reconhecimento de sua atuação em propostas de incentivo à leitura, principalmente nas comunidades onde estão

---

[3] Programa piloto BH-Cidadania da Secretaria Municipal da Coordenação de Política Social, cujo principal objetivo é a inclusão social a partir de uma estratégia que promova a integração das diversas áreas temáticas, de forma intersetorial e descentralizada.

instaladas. São essas bibliotecas espaços de leitura que muitas vezes ficam no anonimato. Sendo objetivo do Beagalê estruturar e fortalecer uma política de incentivo à leitura no Município, desconhecer a realidade das bibliotecas comunitárias é no mínimo um desrespeito àqueles que, voluntariamente, se colocam à frente deste trabalho. Enquanto espaços públicos de acesso à leitura e informação, justifica-se a presença do poder público numa relação de parceria como essa.

"Não tem rico que não precise de ajuda e nenhum pobre que não possa ajudar. Comece da sua casa, de si mesmo, mas ajude alguém..." Com essa fala, Vanilda, moradora da Vila del Rey e fundadora da Biblioteca Comunitária Graça Rios, relata para o *Jornal Portal da Comunidade*, edição de julho de 2003, o trabalho que vem realizando na Vila. Esse exemplo de desprendimento e solidariedade é compartilhado por várias pessoas que vêm trabalhando como voluntários em bibliotecas comunitárias, e que, hoje, participam do projeto.

Deixar que os livros povoem espaços em suas próprias casas, na intenção de que sejam lidos ou sirvam como fonte de pesquisa para a comunidade tem-se constituído o motivo primeiro daqueles que são verdadeiros exemplos de cidadãos. A carência de políticas públicas efetivas de democratização da leitura mobiliza cidadãos que procuram ajudar vizinhos e familiares. É interessante perceber que muitos têm histórias de vida parecidas. Em geral, possuem pouca escolaridade, moram na mesma comunidade e acreditam que sua ação voluntária pode mudar vidas e mobilizar crianças que ficam pelas ruas.

O convite foi receptivo e muitos mostraram-se surpresos com a iniciativa. Falar das suas experiências, de como surgiu a idéia do trabalho com biblioteca nas comunidades, dos problemas enfrentados, das soluções buscadas e de tantas outras aventuras demonstrava ser o desejo de muitos daqueles que pela primeira vez foram ouvidos. Aquele momento, considerado único, tanto para a equipe do Beagalê quanto para os participantes, teve enorme significado para avaliação e continuidade do trabalho.

Durante as falas, notou-se a baixa auto-estima que as pessoas têm, apesar da importante dimensão do trabalho que realizam. A grande maioria declarou que pessoas "com pouca leitura" têm pouca oportunidade, e esse seria um dos motivos da participação em projetos de bibliotecas nas comunidades. Poucos são aqueles que, mesmo na simplicidade do seu trabalho, reconhecem sua capacidade de mobilização numa ação em favor da leitura. A sua condição de vida, somada a determinadas posições preconceituosas em torno da cultura junto às camadas populares, muitas vezes intimida. Isso faz lembrar o pequeno trecho de um texto intitulado "Uma carta em construção", escrito por José Rocha Albuquerque e publicada na revista *Caros amigos*, que diz:

> Há algum tempo escrevo poemas com as mesmas mãos com que trabalho de ajudante de pedreiro. Pra muita gente pode parecer exótico, pode parecer surreal. Mas o que tem de estranho? Pobre não tem sensibilidade? Não pode escrever, desenhar, pintar, interpretar? Ousar! Esta é a palavra.

A interação com os voluntários dessas bibliotecas demonstra que as ações realizadas colaboram para que crianças tenham, nelas, o espaço para desenvolver atividades de pesquisa. Em muitas, inclusive, existe uma programação cultural para crianças, jovens e adultos.

Como forma de organização do Projeto, foi desenvolvido um formulário para o processo de cadastramento dessas bibliotecas. O objetivo principal era quantificá-las e, numa segunda fase, realizar o seu diagnóstico. No cadastramento, utilizaram-se os dados daquelas que há mais tempo mantinham contato com a BPIJBH. A etapa do diagnóstico prevista em cronograma teve como finalidade conhecer a realidade desses espaços, seus acervos, os serviços que desenvolvem, e saber se há uma organização da coleção, quantas pessoas participam do trabalho, qual a qualificação dessas pessoas, quem ou que instituição as mantém etc.

O encontro com representantes das bibliotecas apontou que a qualificação das pessoas que prestam trabalhos nesses locais evidenciava-se como uma necessidade. Foi um momento que contribuiu também para troca de experiências e início de um contato que poderia propiciar o fortalecimento do grupo. A percepção da necessidade de oferecer, de imediato, qualificação aos participantes, levou a equipe a iniciar o planejamento da atividade, antes mesmo de realizar o diagnóstico.

O planejamento e execução de curso em seis módulos, distribuídos em critérios básicos para seleção de acervo de bibliotecas comunitárias; identificação do acervo: módulos II a V, e organização da coleção nas estantes foi um processo imediatamente colocado em prática. Para a proposta de qualificação, a metodologia foi bastante discutida, dada a heterogeneidade do grupo. Optou-se por um formato com aulas práticas, aproveitando as próprias vivências do grupo. O aspecto teórico foi explorado em questões fundamentais, no sentido de contribuir para entendimento da importância da leitura na biblioteca. Seu objetivo principal era construir modelos próprios, com o propósito de valorizar a identidade do grupo e suas necessidades específicas. Objetivou-se mostrar que o mais importante em uma biblioteca era constituir um acervo adequado ao seu público. Para isso, procurou-se valorizar as doações sem perder de vista a função principal da biblioteca, estimular as trocas de material de pouca utilidade para determinada coleção e manter a credibilidade daquilo que oferecem.

Ao longo dos encontros, foi possível fazer o repasse de acervo para as bibliotecas participantes. Foi importante a contribuição de outras bibliotecas comunitárias que repassaram parte do acervo que receberam como doação.

Com o cadastramento, foi possível também identificar algumas bibliotecas criadas para atender às necessidades específicas de grupos, como nos casos da Biblioteca do Centro de Referência da Cultura Negra e Biblioteca Comunitária da Sociedade Espírita Maria Nunes.

A terceira ação do projeto é centrada na relação intersetorial, sendo intitulada "De mãos dadas pela leitura". O trabalho com outras Secretarias da Prefeitura Municipal de Belo Horizonte, e vários setores da Secretaria de Cultura que têm propostas de ações de incentivo à leitura também apresenta seus desafios. "De mãos dadas pela leitura" é uma ação que perpassa os caminhos da biblioteca escolar, da escolar comunitária, das bibliotecas dos Centros de Apoio Comunitário, das bibliotecas que integram os parques ambientais e das existentes nos Centros Culturais. Em função dessa intersetorialidade, constitui uma proposta que deve ser construída dentro das suas especificidades.

Dentro dessa proposta, algumas das atividades estão sendo desenvolvidas, como, por exemplo, a discussão da literatura indicada para o vestibular com a participação do público atendido nos Centros Culturais e alunos das escolas do ensino médio. Também se realizam palestras sobre literatura para profissionais que atuam nas bibliotecas escolares, bem como discussões de propostas conjuntas para realização de seminários, palestras, exposições culturais etc.

Uma outra iniciativa, no intuito de ampliar as ações nas regionais, está sendo discutida com a equipe dos NAFs – Núcleo de Apoio à Família ou CACs – Centro de Apoio Comunitário, para viabilizar a possibilidade de criação de um espaço de leitura. Neste sentido, a BPIJBH deve disponibilizar um baú com acervo, cabendo aos profissionais do NAF ou CAC torná-lo acessível à comunidade. Essa perspectiva fortalece a ação que vem sendo desenvolvida com o *Ponto de Leitura*, nas nove unidades da administração regional.

A quarta ação proposta no Beagalê é a de Estudos Temáticos, que prevê um encontro mensal de discussão de temas relacionados ao incentivo à leitura. Dele podem participar especialistas, pesquisadores, bibliotecários, estudantes de áreas afins, entre outros interessados.

O primeiro encontro abordou o tema; "Bibliotecas comunitárias: um conceito em construção". A ele compareceram pessoas que atuam nas várias bibliotecas. Foi um momento de conhecimento e reconhecimento do papel que estão desempenhando em suas comunidades. Pela fala dos vários representantes, ficou evidenciado que as bibliotecas apresentam problemas e avaliações semelhantes. Em sua grande maioria não possuem qualquer tipo de apoio governamental e sua subsistência faz-se através do recebimento de doações, o que não garante um acervo adequado, atualizado e em bom estado de conservação.

Aproveitou-se o encontro para que se complementassem alguns dados sobre as bibliotecas e para a apresentação da proposta do Beagalê para o grupo. Com esses dados, foi possível verificar que um número significativo de bibliotecas está ligado a projetos sociais de igrejas; que outras bibliotecas são originárias de movimentos associativos de bairros e vilas; e que os recursos humanos para desenvolverem as atividades em quase sua totalidade provêm de pessoas voluntárias.

Discutir "A instituição pública e as práticas de incentivo à leitura" foi a segunda proposta do encontro. Ele aconteceu com uma mesa de discussão composta por representantes da Fundação Dona Peninha, com o trabalho da Biblioteca Comunitária "Etelvininha Lima"; do Projeto Mala de Leitura do Centro Pedagógico da UFMG, que vem valorizando o espaço da literatura infantil; do Centro Cultural Alto Vera Cruz com a proposta de realização da Semana do Livro Infantil; da Biblioteca Edith Stein da Paróquia Nossa Senhora do Carmo, enfatizando o trabalho com a leitura para adultos; e da Biblioteca Escolar da Escola Municipal Professor Edson Pisani, com seu projeto de incentivo à leitura. O tema permitiu conhecer e discutir como as instituições têm desenvolvido seus projetos e práticas de incentivo à leitura. Mostrou também que a preocupação com a leitura não pertence apenas a grupos ligados a instituições com objetivo educacional. Ela constitui-se em proposta de pessoas, grupos que vêem na leitura um caminho para democratizá-la em outros espaços.

Para discutir o tema "Parcerias: alternativas para desenvolver projetos de incentivo à leitura", contou-se com a participação da Distribuidora Clássica que apresentou o projeto "Sala de literatura infantil". A Central de Voluntariado de Minas Gerais participou com a proposta "Meu Quarteirão no Mundo e o Mundo em Meu Quarteirão", mostrando a experiência de incentivo à leitura na Vila Embaúbas. O Centro de Ecologia Integral demonstrou, em sua proposta de edição e distribuição da *Revista Ecologia Integral*, como tem favorecido a discussão na área ambiental. A Câmara Mineira do Livro relatou a experiência de parceira para organização do Salão do Livro, em Belo Horizonte. Ficou evidenciado que instituições que desenvolvem projetos em parceria têm conseguido resultados mais concretos e, conseqüentemente, ampliado suas ações.

A proposta de discutir "O leitor e a inclusão social" foi o tema gerador da mesa do quarto encontro. A abertura feita pela Superintendência de Bibliotecas Públicas do Estado de Minas Gerais mostrou como o sistema de bibliotecas exerce esse papel por todo o Estado. Outras experiências foram narradas, como as do Aglomerado Santa Lúcia, com a formação de leitores nas comunidades da Barragem Santa Lúcia e Vila Santa Rita de Cássia, a partir de um trabalho que tem a participação e mobilização dos próprios moradores; do Centro Cultural São Bernardo, que desenvolve um trabalho há onze anos na comunidade; da Secretaria Municipal de Direitos da Cidadania, que apresentou o trabalho que realiza junto à população de Belo Horizonte.

O tema "Leitura, Informação e Poder" teve a participação do Centro de Cultura Belo Horizonte; do Projeto Mobiliza: planejamento da comunicação para projetos de mobilização social, projeto do Laboratório de Relações Públicas do Departamento de Comunicação Social da UFMG; da Rádio Favela FM e do Curso de Ciência da Informação da PUC Minas. A contribuição das instituições presentes enriqueceu o debate que proporcionou reflexões acerca da leitura, da informação e do poder. Foram apontadas questões sobre a forma como a leitura tem sido trabalhada nos programas de ensino, distanciada da realidade das crianças moradoras nas vilas e favelas; sobre a leitura e seu significado na formação do cidadão, enquanto propiciadora de acesso a bens culturais; sobre a importância de estudos na área de comunicação, realizados pelo Laboratório de Relações Públicas, apontando *como* e *o quê* projetos de comunicação devem considerar para que ações que pretendem a mobilização social sejam efetivas.

No contexto atual do Beagalê, é pertinente refletir como é que o Projeto, como política pública de leitura, tem contribuído para a sociedade, e qual é o seu potencial, como também, considerando-se a sua característica formadora de mediadores de leitura, em que proporções este objetivo tem-se efetivado.

Após quase um ano de implantação, e analisando criticamente cada ação do Beagalê, percebe-se que ele sofre com influências estruturais da própria Prefeitura Municipal de Belo Horizonte. Dentre elas, as dificuldades de articulação entre os segmentos envolvidos, de comunicação interna, da falta de recursos financeiros e humanos, de *marketing* e do quase geral desconhecimento dos seus propósitos e objetivos.

A leitura como instrumento de transformação social e exercício de cidadania é um dos temas mais abordados na sociedade brasileira. Nesse sentido, discuti-la, no âmbito de cada um dos setores envolvidos e na condução do debate de como deve ser seu desenvolvimento nas várias comunidades, é questão fundamental. É com esse propósito que a equipe[4] que elaborou o Beagalê vem trabalhando, saltando muros e

---

[4] Equipe coordenadora do Beagalê: Karina Vasconcelos Teixeira, Maria do Carmo Costa e Silva, Marlene Edite Pereira de Rezende

percorrendo a cidade. Indo ao encontro daqueles que também fazem parte deste mundo, "o da leitura", sempre na perspectiva de ampliá-la e de fortalecê-la.

A BPIJBH, no âmbito da literatura dirigida a crianças e jovens, vem, ao longo de seus doze anos, revivendo os clássicos consagrados e recepcionando estética e criticamente os autores contemporâneos, explorando todas as leituras cabíveis e possíveis. Ao conceber o Beagalê, a BPIJBH, enquanto poder público, incorpora e amplia em suas ações um movimento de articulação com outras instituições em favor da leitura. Trata-se da afirmação do compromisso com a democratização cultural e com a reintegração das populações mais pobres ao pleno exercício de direitos previstos na Constituição Brasileira.

DEMOCRATIZANDO A LEITURA ESTÉTICA: CINEMA E EDUCAÇÃO

Carmem Lúcia Eiterer

Gostaríamos de propor uma reflexão sobre a importância de inserir a leitura da obra cinematográfica na escola e na formação de professores. Para ingressar nesta discussão vamos recuperar o conceito de leitura e, a partir dele, procurar verificar em que medida a questão da leitura cinematográfica se insere neste campo. No que se refere ao acesso e fruição, a obra cinematográfica necessita, assim como o livro, da atuação criativa do profissional para construção de seu espaço na escola.

Por que o cinema deve ser uma preocupação da escola? Segundo Rosália Duarte "em sociedades audiovisuais como a nossa, o domínio dessa linguagem é requisito fundamental para se transitar bem pelos diferentes campos" (2002, p. 14). O cinema está presente em nossa sociedade de muitas formas; em muitos municípios brasileiros a televisão, o videocassete e videolocadoras são possibilidades mais disseminadas que bibliotecas e livrarias. O cinema é também uma forma de socialização, à qual a escola tem fácil acesso. Mas convive com ela na perspectiva de construir uma leitura estética?

Há uma multiplicidade tão grande de possibilidades de leitores quanto há diversidade de leituras e de letramentos possíveis; num sentido bem amplo, que ultrapassam intencionalidades comunicativas de produções culturais, lemos até eventos da natureza como um céu nublado ou fumaça no horizonte, interpretamos os signos e sinais das mais diferentes ordens. Produzimos sentidos para um braço na tipóia ou para um olho roxo, tanto quanto para o escrito numa folha de papel.

Há diferentes linguagens com as quais externamos nossas compreensões, opiniões, etc. O cinema se inscreve como objeto estético entre essas referências. Serve-se essa arte de elementos que são a câmara, o filme e seu processamento químico, atores, cenários, enquadramentos, planos, e constrói, a partir de decisões de técnicos e diretores, determinadas representações de pessoas, lugares, valores. Através da escola, o aluno pode ter acesso a convenções desta arte, sua linguagem, seus autores.

Dissemos que o cinema é uma forma de socialização, e enquanto atividade social e socializadora, é importante lembrar que também sua fruição tem início antes da escola e continua pela vida afora, para além desta. No entanto, a escola deve ater-se ao fato de que, muito mais que simplesmente traduzir, o leitor reinventa, e o repertório cultural do leitor inclui o contexto que dá possibilidade a essa reinvenção. Ler é re-significar o mundo e é também, em igual medida, interagir com ele.

As leituras mobilizam as competências que os leitores possuem para realizá-las, isto é, os textos vão exigir dos leitores as habilidades necessárias para entrar neles. Existem habilidades distintas, assim como textos distintos. São os tipos de textos que, em certa medida, dizem quais habilidades são necessárias, qual o formato de chave necessário para abri-los. Algumas habilidades textuais são ligadas aos suportes e materiais, sejam eles: papel, tela, película etc.; outras, à linguagem verbal (parágrafo, tópico frasal, etc), à linguagem visual (enquadramento, plano, etc) musical (acordes, etc), e esse desdobramento de linguagens inclui também, por exemplo, a linguagem matemática, necessária, com seus cálculos e medidas, para a produção de um filme. Todas essas linguagens exigem algumas habilidades de raciocínio, a capacidade de fazer inferências ou de ligar pistas. É necessário, ainda, que os espectadores tenham competências ligadas à sensibilidade, como serem capazes de reconhecer uma emoção, uma privação de liberdade, de pão, de afeto. São habilidades que mobilizam o conjunto de conhecimentos de que o leitor dispõe e que compõem o seu repertório cultural.

Entretanto, como dissemos, a leitura configura-se como uma atividade social circunscrita em práticas históricas. Pesquisadores da história da cultura e da leitura como Robert Darnton, Roger Chartier e Pierre Bourdieu discutem como tais práticas de fruição são modificadas nas diferentes épocas. Houve época em que ler um livro envolvia grande esforço físico, época em que ler exigia um balcão e o auxílio de um ajudante no ato de virar as pesadas páginas de um volume encadernado em latão. Assim, a mudança ao longo do tempo, das práticas e dos hábitos de leitura fornece-nos elementos para pensarmos a leitura como fenômeno que se funda nas práticas concretas dos grupos sociais, conforme seus gostos, interesses, modos de vida, valores, etc. De tal forma, leitores de diferentes meios sociais fazem leituras diferentes de uma mesma obra, pois mobilizam seus valores para significá-la, da mesma forma que uma mesma obra lida em momentos muito diferentes da vida de um leitor adquire significados diferentes. Um mesmo filme não significa o mesmo para diferentes grupos socioculturais.

Outro aspecto que nos interessa ressaltar, apontado por Bourdieu, é a existência de um mercado de bens simbólicos onde se constroem informações e valores sobre o que se produz e se lê. Esse mercado é que estabelece o que deve ser lido, e os valores que ele determina variam conforme cada grupo social. Mudou o grupo, mudam-se os valores, mudam-se as leituras que são aceitas e valorizadas nesse mercado. Nosso sistema social diz o que deve ser apreciado, por que e como. Assim, vemos filmes de ação acompanhados de pacotes gigantes de pipoca e baldes de refrigerante.

Entretanto, a leitura da obra cinematográfica requisita nossa atenção para seus componentes; os ouvidos para as falas, sons, ruídos e música e os olhos para imagens e, quando necessário, legendas. Por isso, o cinema mobiliza-nos durante duas horas, em média, numa sala escura. Assistir em casa, na televisão, não é o mesmo que assistir na sala escura, em tela grande, com som adequado e sem interrupções. Nosso corpo não tem outras preocupações e está em repouso, para que possamos apreciar plenamente o texto cinematográfico.

Há um aspecto importante sobre a ida ou não ao cinema que deve ser alvo de nossa atenção. Alguns pesquisadores nos mostram que, se alguns alunos não freqüentam livrarias, pode ser porque este não é um hábito valorizado no seu meio social. Considera-se aqui que há distâncias que vão além do geográfico e econômico. São também distâncias socioculturais e psicológicas:

> [...] livros, leitores e leituras, longe de serem *invariantes históricas* estão sempre inscritos na rede de socialização e sociabilidade, na complexidade dinâmica e conflituosa das interações sociais, das mudanças culturais e das negociações simbólicas. (LELIÉVRE-PORTALIER *et al.*, 1990, p. 155-156, grifos nossos).

A escola pode estar atenta às práticas culturais vivenciadas pelos alunos, ajudando-os a selecionar, avaliar, experimentar novas possibilidades. Reconhecer as pluralidades de leituras amplia o processo de formação do leitor, para além de alguns filmes que são consumidos na televisão, com estruturas narrativas repetitivas. Como a escola pode contribuir para que o aluno passe a deter elementos para avaliar essas obras cinematográficas do ponto de vista da qualidade de forma e conteúdo? Entender os múltiplos fatores implicados no ato de ler pode contribuir para a compreensão da tarefa do professor e, portanto, pode tornar a leitura que se almeja mais exeqüível para todos.

Paulino (1999), tratando do letramento literário, resgatou uma discussão alimentada nas décadas anteriores, mostrando que, na década de 80, para denunciar limitações e preconceitos, os cânones literários foram colocados em questão. O que se dirá do cinema? Estejamos falando mais especificamente em cinema como arte ou da arte em geral, esbarramos nos desafios da leitura e nas eternas dificuldades da relação entre forma e conteúdo. Democratizar o acesso ao texto considerado de qualidade porque não é previsível, porque não se repete em fórmulas preconcebidas, porque desinstala o leitor do conforto de seu lugar comum, não é tarefa fácil. O leitor muitas vezes resiste, e, até mesmo, num ato de reafirmação de sua identidade, não quer ser desinstalado.

Entretanto, caberia às escolas e aos centros formadores de educadores desenvolver a leitura estética do texto escrito e das imagens, não apenas a cinematográfica, mas também esta. Citamos como exemplo uma tentativa que ensaiamos na Faculdade de Educação da UFMG, talvez a primeira nessa direção. Realizamos entre junho e agosto de 2003, nas manhãs de sábado, a experiência de Cinema e Educação do Promad – Laboratório de Produção de Material Didático da FaE. O Ciclo de Cinema na FaE buscou construir diálogos em torno de textos cinematográficos, aproximando a obra de seus leitores através da mediação de outros leitores já um pouco mais experimentados. Estes, como que indo à frente, iam convidando os outros a caminhar na leitura, às vezes indicando um caminho. Nesses múltiplos olhares sobre obras cinematográficas, encontramos diferentes textos e intertextos. Os professores foram convidados a participar do evento com o debate e com a sugestão de um título de filme. Horário e local foram motivo de muita discussão, mas o desejo de encontrar novos espaços e tempos de formação e convívio na FaE acabou vencendo.

Dentre os títulos sugeridos, alguns remetem a uma reflexão sobre a escola, as relações educativas e as práticas escolares. Outros tratam do processo de humanização, ou das relações de opressão. Os textos cinematográficos trazidos nas manhãs de sábado no auditório da FaE foram:

1 - *O enigma de Kasper Hauser* de W. Herzog, – comentado por Bernardo J. de Oliveira – teceu o diálogo em torno da natureza da linguagem e seu papel na construção do ser humano.

2 - A ópera *Carmem* de Paolo Rossi (1984), comentada por Eliane Marta T. Lopes, foi vista como metáfora para reflexão sobre as relações de opressão: a personagem principal negando-se a abrir mão de seu desejo, mesmo frente à morte, é sinônimo da resistência do oprimido.

3 - Com *O Carteiro e o poeta*, Juarez Dayrell nos fez rever os processos de ensino-aprendizagem através do carteiro que aprende a conhecer e a fazer metáforas com o poeta.

4 - *Os Filhos do Paraíso*, comentado por Aparecida Paiva, mobilizou a sensibilidade dos presentes, que, engajados, procuraram contribuir na interpretação do texto, revelando mais fortemente a esperança de superação dos limites impostos às crianças.

5 - A partir de *Sarafina,* Nilma Lino Gomes discutiu a linguagem, a dança, a cultura do jovem, especialmente o de periferia e sua relação com a escola, assim como a estética, o espaço do negro e políticas afirmativas.

6 - Em *O Jarro*, desenvolvemos com Inês Teixeira a discussão sobre a relação entre escola e educação estética, o lugar do cinema na escola e na sala de aula.

Assim, cremos que o cinema não deveria se restringir somente à ilustração para aula de história de arte, de literatura. Podemos trazer o cinema para a escola não só para ilustrar os temas tratados pelas matérias, ainda que isso também seja possível, mas para discutir como se faz cinema, as políticas de apoio e distribuição de filmes, as políticas de acesso aos bens culturais. A obra pode vir a ser pensada em si mesma; fruída, consumida, deglutida. Assim como textos escritos não são iguais, não são iguais os filmes. Recuperando a discussão presente no texto de Graça Paulino (1990), a revisão provocada a partir da introdução do conceito antropológico de cultura na compreensão da produção cultural, não pode, mal-empregada, relegar-nos à condição de obliterarmos a possibilidade de inclusão dos sujeitos no universo do tratamento literário. Assim também, democratizar a leitura exige estender o universo de possibilidades de letramento. De acordo com DUARTE: "temos muito mais a ganhar se assumirmos a prática de ver filmes como parceira na transmissão de conhecimentos do que como rival das atividades que definimos como verdadeiramente educativas (2002, p. 83)". Incluir o cinema neste universo é sinônimo de expansão de repertórios de leituras e de expansão de estratégias de formação de educadores.

Referências

BAKTHIN, M. *Marxismo e Filosofia da Linguagem.* São Paulo: Hucitec, 1992.

BERNARDET, J-C. *O que é cinema.* São Paulo: Brasiliense, 2000.

BOURDIEU, P. A leitura: uma prática cultural. In: CHARTIER, R. (Org.) *Práticas da Leitura.* São Paulo: Estação Liberdade, 1996.

BURGOS, M. Ces lecteurs sont ils des lecteurs? Paris: *Bull Bibl.*; 37(1), p. 16-23, 1992.

CHARTIER, R. *Pratiques de Lecture.* Paris: Payot, 1993.

DARTON, R. História da Leitura. In: BURKE, P. (Org.) *A escrita da história* : novas perspectivas. São Paulo: Unesp, 1992.

DUARTE, R. *Cinema e Educação.* Belo Horizonte: Autêntica, 2002.

EITERER, C. L. *Filosofia e Leitura: estudo a partir de uma experiência didática em uma escola pública paulistana no período noturno.* São Paulo, FE-USP: 1996. (Dissertação de Mestrado).

LELIÈVRE-PORTALIER, D., PRIVAT, J.-M. & VINSON, M-C. Théorie et pratique des médiations culturelles au collège. In: PRIVAT, J-M. & ROUTER, Y. *Lectures et médiations culturelles.* Villeurbanne, Press Universitaire de Lyon, 1990 (Attes du Colloque).

PAULINO, Graça. Letramento literário: cânones estéticos e cânones escolares. Caxambu, *Reunião Anual da Anped*, 1999.

PAULINO, Graça et al. *Tipos de textos, modos de leitura.* Belo horizonte: Formato, 2001.

SOARES, Magda. *Letramento:* um tema em três gêneros. Belo Horizonte: Autêntica, 2001.

TEIXEIRA, Inês A. C.; LOPES, J. de S. M. *A escola vai ao Cinema.* Belo Horizonte: Autêntica, 2003.

CENTRO DE LITERATURA INTERATIVA DA COMUNIDADE - CLIC: UMA EXPERIÊNCIA DE DEMOCRATIZAÇÃO DA LEITURA NA PERIFERIA DE PORTO ALEGRE/RS

Cristine Lima Zancani
Diógenes Buenos Aires de Carvalho
Vera Teixeira de Aguiar

O *Centro de Literatura Interativa da Comunidade – CLIC* é um espaço de leitura e expressão de idéias e sentimentos que os livros suscitam, através de palavras, desenhos, músicas, dramatizações e atividades no computador. Implantado desde de 1997, nas dependências do Campus Aproximado da Pontifícia Universidade Católica do Rio Grande do Sul, na Vila Nossa Senhora de Fátima[1], em Porto Alegre – RS/BR, sob a coordenação da Profa. Dra. Vera Teixeira de Aguiar, do Programa de Pós-graduação em Letras, da PUCRS.

Objetivando atender às necessidades da comunidade no tocante à ampliação do capital cultural a partir da leitura

---

[1] A maioria da população da Vila Nossa Senhora de Fátima, cerca de aproximadamente 10.000 pessoas, é carente e apresenta baixa escolaridade. As condições de moradia são precárias e o saneamento é deficiente. Os dados demográficos desta população (IBGE – 1990 a 2000) sugerem riscos para maior morbidade e mortalidade por todas as causas, em todas as idades, quando comparados com outras populações. Dos cerca de mil domicílios, 98% são considerados subnormais e abrigam 4,5 pessoas; 67% das famílias têm renda menor do que dois salários mínimos e 45% dos chefes de família têm menos de 4 anos de estudo. A coleta de lixo é realizada indiretamente na maioria das residências; o saneamento é deficiente, predominando a presença de fossas rudimentares ou valas de esgoto. Vale ressaltar que, num levantamento realizado pela Prefeitura Municipal de Porto Alegre, constatou-se que um grande número de crianças que vivem nas ruas é proveniente dessa vila, o que denota o alto índice de exclusão social.

literária e da apropriação da informática, o programa de ação do CLIC desdobra-se em duas direções. De um lado, propõe-se desenvolver o gosto pela leitura das crianças regularmente matriculadas no sistema formal de ensino, com idades de 7 a 14 anos, da referida Vila, atendidas, no turno inverso, pelo Serviço Socioeducativo (SASE) da Associação de Moradores, visando ampliar o capital cultural das mesmas, e, de outro, pretende formar os futuros professores de Letras, através da atuação em oficinas de leitura da literatura em que o livro dialoga com outras linguagens, entre elas, a utilização de recursos provenientes da informática.

Tal programa tem por fundamento a certeza da importância da literatura na emancipação existencial do sujeito. Ler literatura é, pois, um exercício de abertura de horizontes individuais e sociais. Para que isso aconteça, é preciso investigar a atitude do leitor diante do livro, seus mecanismos de apreensão e cognição. De posse desses conhecimentos, podem-se propor desafios para que seu universo se amplie e sua leitura se torne mais pessoal e reflexiva. Considera também que um dos bens culturais que circula na sociedade é a literatura, contudo, o acesso ao livro literário por parte de comunidades carentes, como a Vila Nossa Senhora de Fátima, é bastante restrito. Pensando em interferir nessa realidade, o CLIC desenvolve oficinas de leitura, tendo como foco o livro de literatura a partir do qual todas as atividades são realizadas. São elas:

1. Oficinas de Literatura: As oficinas são desenvolvidas, de segunda-feira à sexta-feira, nos turnos manhã e tarde, com a duração de 1h e 30 minutos, sob a responsabilidade de um monitor, que atende grupos de 08 a 12 crianças previamente selecionadas pelo líder comunitário e integrante do SASE, da Associação de Moradores. Cada grupo participa semanalmente de uma oficina ao longo de 01 ano, o que permite às crianças um contato contínuo com o capital cultural oferecido pelo espaço do CLIC, no tocante a livros literários, revistas infantis, quadros artísticos, música, vídeos e computadores. As oficinas têm os seguintes enfoques:

1.1. Literatura e Computador: Partindo da leitura do texto literário são desenvolvidas atividades de produção de textos sugeridas pelos roteiros de leitura, como, por exemplo, inventar um novo final para a história lida ou novos versos.

1.2. Literatura e Contação de Histórias: Essa atividade explora os universos orais da entonação ao contar a história e aproxima a literatura das vivências socioculturais das crianças. A partir da contação de histórias, com apoio nas imagens dos livros à disposição do público e de outros recursos, recupera-se o sentido mágico da literatura, cooptando o leitor pelo caráter afetivo presente no texto literário.

1.3. Literatura e Imagem: Compõe-se de atividades lúdicas que têm como centro o livro literário em interface com a ilustração, estabelecendo-se, através do diálogo entre texto e imagem, uma nova percepção do objeto livro, que dá origem a uma leitura mais ampla. Prevê, ainda, atividades com livros de imagem que apresentam narrativas gráficas a serem transpostas para outros códigos pela criança.

1.4. Literatura e Teatro: Partindo da leitura do texto literário, a criança é convidada a fazer uma releitura do mesmo, criando esquetes e pequenas peças de teatro que, além de valorizar o prazer de ler, revela aspectos das vivências da criança na comunidade.

1.5. Literatura e Sucata: Visa reconstruir os sentidos do texto, aproveitando recursos e materiais de sucata. Através dos mesmos, é possível fazer com que a criança exponha os sentimentos que a obra lhe provoca, revelando novas possibilidades de, plasticamente, transformar e ressignificar uma situação existencial de carência, presente, inclusive, no entorno da comunidade.

1.6. Literatura e Biblioteca: Uma vez por semana, em cada turno, o espaço do CLIC funciona como Biblioteca. A iniciativa objetiva incentivar a autonomia da criança-leitora, uma vez que o acervo fica à sua disposição com o auxílio de um monitor. Diferindo das oficinas, que propõe atividades direcionadas, nesse dia, a criança é estimulada a construir uma atitude leitora, desenvolvendo competências, tais como, selecionar, localizar, manusear os livros e realizar leitura individual, tendo em vista a especificidade de um ambiente mediador como a biblioteca.

2. Mala de Leitura: Disponibiliza, mensalmente, um acervo de livros literários e revistas informativas para a Associação de Moradores, que fica sob a responsabilidade de um representante do CLIC e de um líder comunitário, integrante do SASE, funcionando como mediador entre o acervo e a comunidade. Ressalta-se que o público da mala não se restringe às crianças do CLIC, mas fica à disposição de todas as pessoas que freqüentam a sede da Associação. A seleção dos títulos que compõem o acervo da mala é definida a partir dos interesses manifestados pelos leitores.

3. Encontros Culturais: Essa atividade é desenvolvida mensalmente e objetiva aproximar autores, ilustradores, cineastas, músicos e outros profissionais ligados à produção cultural das crianças participantes do CLIC. Já participaram os escritores Sissa Jacoby, Glaucia de Souza e Marcelo Carneiro da Cunha; as ilustradoras Cristina Biazzeto e Laura Castilhos, o cineasta Carlos Gerbase, o cartunista Rodrigo Rosa e o criador de desenhos animados Rodrigo John.

4. Cursos de Formação: Diz respeito à qualificação de professores e bibliotecários para o trabalho com o livro literário, tendo como referência a experiência desenvolvida no CLIC, buscando multiplicar as práticas de leitura literária elaboradas pelo projeto.

5. Desenvolvimento de Softwares: Viabiliza as relações entre as linguagens literária e virtual, através da montagem de unidades de ensino fundamentadas na Teoria da Literatura, ressaltando o prazer de ler e o contato lúdico com a palavra, a partir de *softwares* que aproximam o livro e a informática.

6. Pesquisa sobre "A Leitura Literária e a Construção do Imaginário do Leitor": Para avaliar os resultados obtidos com o trabalho desenvolvido durante as oficinas de leitura, elaborou-se um instrumento de pesquisa. Tal instrumento consiste na proposta de produção de texto a partir da seguinte frase "Se eu tivesse uma varinha mágica...", momento em que a criança externa os elementos constituintes do seu imaginário. O instrumento foi aplicado no início do ano de 2003 e será novamente usado no fim do ano, possibilitando, a partir da comparação dos textos escritos nesses dois momentos e do acompanhamento de todo o processo, avaliar se as práticas leitoras proporcionaram um incremento de elementos ao imaginário das crianças.

7. Projeto "Leitores Criando Livros": A atividade visa propiciar a vivência da produção literária, a partir do processo de criação de livros pelas crianças, seguindo as seguintes etapas: escrita do texto, ilustração, projeto gráfico, elaboração artesanal do protótipo do livro e impressão do livro. Ressalta-se que o projeto é fruto da curiosidade das crianças sobre o processo editorial.

8. Reuniões: Realiza-se semanalmente reunião com todos os participantes do CLIC para a montagem e avaliação das atividades desenvolvidas.

9. Memória do CLIC: É o acervo de documentação das atividades desenvolvidas no Centro de Literatura Interativa da Comunidade – CLIC, resgatando toda a sua história desde os idos de 1997. A organização do acervo possibilita a difusão das ações por meio da catalogação dos relatórios das pesquisas executadas, dos registros fotográficos e em vídeo das oficinas e encontros, das produções bibliográficas sobre as atividades desenvolvidas, da organização de um livro com os resultados científicos obtidos, do inventário do acervo bibliográfico e do cadastro dos pesquisadores participantes.

Para a montagem do CLIC, teve-se inicialmente, no ano de 1997, o apoio financeiro da Coordenação de Aperfeiçoamento de Pessoal do Ensino Superior – CAPES, através do PROIN, que possibilitou a aquisição de bens móveis, livros para acervo da biblioteca e material de consumo. Posteriormente, em 2000, contou-se com o apoio da Fundação de Amparo à Pesquisa do Estado do Rio Grande do Sul - FAPERGS para a atualização do acervo e compra de material de consumo. Atualmente, o CLIC é mantido com as doações dos participantes e com a manutenção do equipamento eletrônico pela PUCRS.

O desenvolvimento das atividades listadas anteriormente é realizado por uma equipe formada por pesquisadores monitores, oriundos da Faculdade de Letras da PUCRS, nos níveis de graduação em Letras (Carlines Fausti, Giovana Camillo, Laiza Gonçalves, Renata dos Anjos) e pós-graduação *lato sensu* em Literatura Infantil (Ana Regina Possap e Cristina Biazetto) e pós-graduação *stricto sensu* em Teoria da Literatura (Ana Paula Charão, Cristine Zancani, Diógenes Buenos Aires de Carvalho, Eloísa Moura, Glaucia de Souza, Marília Fichtner, Zila Letícia P. Rêgo), sob a coordenação da Profa. Dra. Vera Teixeira de Aguiar (PUCRS).

Além dos recursos humanos, o CLIC conta com um acervo de aproximadamente 800 livros literários (ficção e poesia), exemplares de dicionários, das revistas *Recreio* e *Superinteressante* e do *Jornaleco;* 04 computadores, 01 impressora, 01 *scanner*, 01 televisão, 01 vídeo-cassete, 02 armários de aço, mesas, cadeiras e material de consumo (papel, lápis, borracha, apontador, caneta, lápis de cor, canetinhas, tinta, papel cartolina, régua, pastas, massa de modelar, sucata, giz de cera, fita durex, clips, brinquedos, grampeador e perfurador de papel).

A avaliação das ações do CLIC possibilita apontar os seguintes resultados:

• O projeto, desde a sua criação, já atendeu aproximadamente 700 crianças da vila. Esse número foi obtido a partir dos seguintes dados: dez oficinas oferecidas semanalmente, cinco em cada turno, com a média de 10 crianças participantes por encontro.

• Nas crianças participantes observa-se uma significativa melhora no desempenho da leitura e da escrita, tendo em vista que cada criança participa semanalmente de uma oficina, o que lhe permite um contato freqüente com o livro ao longo do ano. Depoimentos dos educadores do SASE e de professores de escolas que atendem essas crianças reforçam essa avaliação.

• A partir do trabalho com a literatura, ocorre uma ampliação do capital cultural em face do conhecimento de obras, autores, ilustradores, artistas plásticos e personalidades do mundo cultural, como cineastas, desenhistas, músicos, propiciado pelos encontros culturais. Nos encontros, as crianças têm a oportunidade de dialogar com os autores sobre seus trabalhos, explorados anteriormente nas oficinas. Durante essa troca, as crianças, ao exporem suas curiosidades e inquietações sobre o material apresentado pelos autores, demonstram intimidade com a produção artística, o que denota a apropriação desse capital cultural.

• As oficinas exploram os diversos gêneros literários (contos de fadas, lendas, fábulas, novelas, romances, poemas, drama), possibilitando o conhecimento das peculiaridades de cada tipo de texto, as quais exigem habilidades de leituras diferenciadas. Esse conhecimento manifesta-se no momento em que as crianças explicitam seus interesses de leitura, nomeando o gênero predileto.

- As atividades de criação de histórias e poemas possibilitam às crianças assumirem também o papel de autoras, desenvolvendo, assim, a sua criatividade. Por exemplo, quando solicitadas a elaborarem uma história em que interagem personagens de diferentes obras, elas buscam elementos nos textos de origem aliados aos do seu repertório pessoal, tendo como resultado narrativas ou versos que dão visibilidade ao alargamento do seu imaginário.

- A Mala de Leitura propicia uma maior aproximação do acervo do CLIC com a comunidade. Os livros selecionados atendiam, a princípio, somente ao público infantil, mas diante da solicitação de adultos que freqüentam a Associação de Moradores, buscou-se ampliar o acervo com títulos que contemplem esse público. Para tanto, coletamos, entre os participantes e outros doadores, tais títulos e revistas informativas. Com a Mala, o trabalho do líder comunitário não se restringe apenas à interação entre o CLIC e as crianças, pois assumiu a condição de mediador de leitura, visto que é o responsável pela circulação do acervo na comunidade, seja através de atividades no próprio SASE ou de empréstimos.

- A experiência do espaço do CLIC como biblioteca tem contribuído para a autonomia da criança enquanto leitora, a familiarização por parte da criança com o acervo disponível, a identificação das preferências das crianças, dos efeitos das oficinas e dos encontros culturais a partir dos interesses demonstrados pelos livros trabalhados nas oficinas e pelas obras dos autores visitantes.

- As ações do CLIC têm sido multiplicadas a partir dos cursos de formação e palestras ministradas pelos participantes do projeto. Outra forma de socialização é a apresentação de trabalhos em encontros científicos, a produção bibliográfica e o intercâmbio com outro grupo de pesquisa, bem como a divulgação na imprensa falada e escrita. A abordagem está centrada tanto na divulgação do projeto como um todo, quanto nas metodologias adotadas para o trabalho com a literatura infanto-juvenil.

O trabalho ininterrupto do CLIC, desde 1997, junto à Associação de Moradores da Vila Nossa Senhora, desenvolvido nas dependências do Campus Aproximado da PUCRS, adquiriu legitimação pela comunidade próxima, tornando-se uma presença cultural importante para pais, professores, crianças e agentes culturais que atuam na Vila. Hoje, qualquer morador da Vila identifica o CLIC como espaço onde se lê e se trabalha nos computadores, de modo alternativo e prazeroso. A iniciativa tornou-se um patrimônio da comunidade que ultrapassa a ação dos próprios pesquisadores e que, também por isso, garante sua continuidade. Acrescente-se a isso a voz de todos aqueles que entraram em contato com o trabalho e reconheceram sua importância para inclusão social dessa Vila.

LEITURA COMPARTILHADA: UM MOMENTO DE PRAZER NA FORMAÇÃO DE PROFESSORES-LEITORES

Glória Maria Anselmo de Souza
Leda Marina Santos da Silva

> Não há melhor maneira de abrir o apetite
> de um leitor do que lhe dar a farejar
> uma orgia de leitura.
>
> *Daniel Pennac in* Como um Romance

Este trabalho pretende trazer à tona uma breve discussão sobre como tem sido tratada a questão da formação de professores-leitores pelas diferentes instituições formadoras. Tenciona, ainda, compartilhar a experiência que vem sendo realizada no desenvolvimento do Programa de Formação de Professores Alfabetizadores, no município de Niterói, no que diz respeito ao enfrentamento da questão anteriormente mencionada.

Tecido a quatro mãos, o texto se propõe refletir sobre o processo de democratização da leitura, tendo como fio condutor a interação entre formadora e cursistas do Programa que, aproximadas pela literatura, compartilham vivências, saberes e conhecimentos.

A discussão, sustentada em pesquisas recentes, tenciona socializar um dos caminhos em construção, no sentido de minimizar o distanciamento histórico entre professores dos primeiros anos de escolaridade e a leitura literária, esta última entendida como fonte de prazer, conhecimento e também como forma de ressignificar o trabalho pedagógico e a própria vida.

A (im)possibilidade da formação de leitores nos cursos de formação de professores

Em pesquisa realizada por Kramer e Oswald (2001), em que um dos eixos centrais debruçava-se na indagação sobre a (im)possibilidade do/a professor/a contribuir para que seus alunos/as se tornem leitores/as, se eles/as próprios/as não gostam de ler, veio à tona o fato dos/as futuros/as professores/as não terem acesso, nos cursos de formação inicial, a bons textos de literatura nem a ações voltadas para o incentivo de práticas leitoras, fato considerado grave.

A pesquisa ocorreu em três escolas de formação de professores do Rio de Janeiro, consideradas de qualidade, utilizando como estratégias metodológicas análises de documentos, observação da sala de aula e entrevistas.

Na maioria das disciplinas investigadas, observou-se que os/as professores/as centram-se em ensinar a língua materna de modo instrumental, sem possibilitar que os/as futuros/as professores/as experimentem a leitura e a escrita nas suas diferentes dimensões (ler e escrever para comunicar/informar/conhecer, para expressar sentimentos/idéias ou por prazer), como se esse aprendizado descontextualizado fosse possível. Se estes/as alunos/as não têm a possibilidade de experimentar a leitura enquanto leitores, como se espera que propiciem essa experiência às crianças, jovens e adultos, com os quais virão a trabalhar?

> Não é desconhecido por ninguém que o formador de leitor, dadas as diferentes circunstâncias, dentre elas as históricas, econômicas e culturais, se encontra fragilizado em seu conhecimento sobre o próprio objeto de ensino. [...] muitas vezes

domina muito pouco, ele próprio, as competências de leitura que pretende ensinar. (LEAL, 2001, p. 263)

Não se trata de culpabilizar os professores/as formadores/as por essa deficiência, mas de convocá-los a assumir a responsabilidade que lhes cabe na construção de um projeto comprometido com as reais necessidades dos futuros/as professores/as. A implementação dos currículos organizados para os cursos de formação não podem prescindir do planejamento de situações que favoreçam a formação de professores leitores e não de simples reprodutores/as de idéias e conteúdos, que, ao invés de aproximar os indivíduos da leitura, dela os distanciam, interditando a possibilidade de acesso a diferentes e novos conhecimentos.

Com base nessas reflexões, Kramer e Oswald (2001) sistematizam algumas recomendações, tendo como eixo de direcionamento três esferas formadoras: instituições gestoras de políticas públicas, escolas de formação de professores e cursos de letras e pedagogia. Suas propostas se baseiam na necessidade de se mergulhar a fundo no mundo da leitura e da literatura. Isso significa que é preciso implementar programas de bibliotecas públicas, diminuir o valor dos livros literários, criar círculos de leitura – nos quais professores e alunos possam participar sem obrigações didáticas, rever os currículos dos cursos de formação de professores, letras e pedagogia, entre tantas outras medidas. Enfim, construir situações em que sejam proporcionadas oportunidades de leitura.

Se considerarmos as exigências relacionadas à formação de sujeitos críticos, reflexivos e sintonizados com as necessidades dos tempos atuais, em que a informação e o conhecimento abarcam uma velocidade incrível e a possibilidade de sua apropriação passa inevitavelmente pela funcionalidade e a fluência da leitura, fica evidente a urgência de investimento no redimensionamento das práticas leitoras que se desenvolvem no cotidiano escolar. É preciso gostar de ler; seja para conhecer, para interagir ou para simplesmente ter prazer.

A leitura compartilhada enquanto possibilidade de inclusão de professores no mundo da leitura

Diante dos fatos apresentados e do cotidiano vivenciado nas escolas públicas, onde, na maior parte das vezes, os/as professores/as alfabetizadores/as se concentram na tarefa de ensinar o código lingüístico, acreditando que, desta forma, o aluno se aproprie de práticas leitoras. Algumas iniciativas vêm sendo construídas com o objetivo de proporcionar aos professores/as a oportunidade da leitura como forma de entretenimento, reflexão, surpresa ou mesmo emoção.

Esta atividade, identificada como Leitura Compartilhada, está incorporada às propostas do Programa de Formação de Professores Alfabetizadores (PROFA), desenvolvido e implementado pelo Ministério da Educação desde 2001, que visa colaborar com os municípios e estados na formação inicial e continuada de professores/as alfabetizadores/as, bem como com as universidades, escolas públicas e privadas de formação para o magistério. Tendo como justificativa a necessidade de oferecer aos futuros/as professores/as e profissionais em exercício os recentes conhecimentos didáticos da alfabetização produzidos nos últimos vinte anos, o Programa investe no desenvolvimento dos conteúdos de natureza conceitual, procedimental e atitudinal, entendendo que:

> Os conteúdos conceituais referem-se à abordagem de conceitos, fatos e princípios. A aprendizagem envolve a aquisição de informações, vivência de situações, construção de generalizações, compreensão de princípios. Os conteúdos procedimentais expressam um saber fazer que implica tomar decisões e realizar uma série de ações, de forma ordenada e não aleatória, para atingir uma meta e construir instrumentos para analisar processos e resultados obtidos. Os conteúdos atitudinais incluem valores, normas e atitudes. As atitudes envolvem cognição (conhecimentos e crenças), afetos (sentimentos e preferências), condutas (ações e declarações), normas e regras que orientam padrões de conduta e os valores que orientam ações

e possibilitam fazer juízo crítico. (Extraído de "Conteúdos". In: Parâmetros Curriculares Nacionais, de 5ª a 8ª séries, Introdução, p. 74-80)

Dentre os conteúdos acima, queremos ressaltar aqueles de natureza atitudinal, por meio dos quais se espera que o/a professor/a compreenda o seu papel e a importância de atitudes afirmativas que favoreçam a construção do gosto e do hábito de ler. Como alerta Leal (2001) "aquele que ensina a ler deve compreender que tem um esforço a fazer diante daquele que aprende" (p. 265).

A leitura compartilhada, espaço onde se busca contribuir para a ampliação do horizonte cultural ou para o simples prazer de compartilhar uma boa idéia, materializa-se de forma permanente nos encontros semanais, por meio de uma coletânea de textos, parte do acervo material do curso disponibilizada aos formadores, que podem escolher entre estes materiais, ou entre o próprio repertório, um texto para compartilhar com os/as professores/as descompromissadamente.

> A leitura sem compromisso com uma tarefa pedagógica específica é mesmo um agrado, porque revela o cuidado do formador com o grupo: ele escolhe um texto que considera interessante, ensaia a leitura para poder realizá-la de forma sedutora e... sem compromisso com algum tipo de utilidade pedagógica, simplesmente lê para o grupo, nada mais. Lê para compartilhar e provocar emoções, apenas isso. (*Guia de Orientações Metodológicas do Programa de Formação de Professores Alfabetizadores*, p. 114)

Essa proposta de atividade configura-se assim como uma das alternativas desencadeadoras da aproximação mais íntima e prazerosa da leitura, capaz de permitir aos professores/as o contato com diferentes gêneros literários, desfrutando a possibilidade de conhecimento, fruição e reflexão crítica sobre o lido/ouvido. Embora não se exija do/as professores/as cursistas uma tarefa específica que se desdobre a partir da leitura, torna-se fundamental que os formadores tenham clareza de onde pretendem chegar, visto que há uma mediação a ser feita:

> A leitura em voz alta exige preparação, ensaio e conhecimento minucioso do texto a ser lido. A adequação do tom de voz, o ritmo da leitura, a pronúncia das palavras e o envolvimento com o texto merecem atenção especial do leitor e, por isso, é necessária a preparação pelo formador com antecedência. (Guia do Formador do Programa de Formação de Professores Alfabetizadores – Módulo 1, p. 20)

Desse modo, a sistematicidade, a diversidade de textos, a postura do formador frente ao texto são aspectos significativos nesse processo.

No município de Niterói/RJ, por meio da implementação do PROFA, a experiência vem acontecendo desde 2001 com diferentes profissionais – professores, supervisores, diretores e agentes educativos que atuam na educação infantil e no ensino fundamental, buscando redimensionar as práticas alfabetizadoras em seus contextos escolares. Essa reflexão não se dá apenas sobre a metodologia da alfabetização; também envolve o próprio percurso de cada cursista na posição de leitor e escritor. É neste sentido que a atividade permanente de leitura compartilhada tem auxiliado na busca e/ou resgate de uma relação menos didática com a leitura.

Segundo Kramer (2001), "ao ler, nos apoderamos daquilo que está longe de nossos sentidos. Introduzimos nosso mundo e os sentimentos numa série de relações... É na literatura que esse ato ganha mais força" (p. 202). Os depoimentos de alguns/mas cursistas sobre a leitura compartilhada nos ajudam a vislumbrar a possibilidade de a leitura invadir a vida dos sujeitos como uma experiência prazerosa e vivificante:

> Fazia muito tempo que eu não lia nada... Eu me lembro que quando eu era criança eu gostava de ler, mas depois eu

enjoei porque tudo que a gente lia tinha que fazer prova...
(Carmosina) [1]

A fala de Carmosina denuncia um aspecto significativo na relação dos leitores com a prática da leitura no contexto educacional – a *escolarização da literatura*. De forma muito recorrente, a escola tem se valido dos textos literários para facilitar o ensino da gramática, preenchimento de fichas de leitura, aplicação de provas e outros. Tais procedimentos, por serem formalizados e impositivos, roubam a beleza e a magia textual, afastando os alunos do prazeroso ato de ler. É urgente uma revisão do papel da literatura na escola, para que esta, de fato, possa contribuir para a formação do pensamento crítico e atuar como instrumento de reflexão.

Acerca da questão, Soares (2001) destaca o fato de que, em tese, não há como evitar que a literatura se escolarize, já que esta escolarização é inevitável e necessária posto ser a escola um espaço de socialização do saber. No entanto, sinaliza também que "na realidade escolar essa escolarização acaba por adquirir um sentido negativo pela maneira como se realiza neste espaço" (p. 21). E alerta:

> O que se pode criticar, o que se deve negar não é a escolarização da literatura, mas a inadequada, a errônea, a imprópria escolarização da literatura, que se traduz em sua deturpação, falsificação, distorção, como resultado de uma pedagogização ou uma didatização mal compreendidas que, ao transformar o literário em escolar, desfigura-o, desvirtua-o, falseia-o...
> (SOARES, 2001, p. 22)

As reflexões da autora evidenciam algumas possíveis causas do desencantamento de Carmosina em relação a uma aproximação mais íntima com a leitura, deixando pistas para que a escola reveja alguns de seus posicionamentos sobre o tema.

---

[1] Os nomes escolhidos para identificar as falas são fictícios. Qualquer semelhança será mera coincidência.

> Nunca pensei que ouvir história pudesse ser tão bom... agora entendo porque os alunos gostam tanto quando a gente lê um livro...é tão bom ficar só ouvindo sem fazer nada. (Luciana)

O segundo depoimento põe em evidência outro ponto importante na relação entre leitor e texto – a questão do prazer. Luciana, exposta à leitura leve e descompromissada dos textos apresentados pela formadora, delicia-se, percebendo o papel que tal movimento desempenha na sala de aula e a reação das crianças frente às histórias e narrativas apresentadas pelas professoras. Abramovich (1994) confirma o relato da professora ao defender que ler é um "*ato de volúpia e prazer*". Através das histórias pode-se vislumbrar um "*caminho absolutamente infinito de descoberta e de compreensão do mundo*", suscitar o imaginário, descobrir outros lugares, relacionar-se melhor consigo mesmo e com os outros. Assim, as hipóteses suscitadas pelo depoimento de Luciana, entrelaçadas às reflexões de Soares, confirmam a importância da leitura compartilhada nos diferentes espaços de formação.

> O texto que eu mais gostei foi aquele: A linha mágica. Outro dia eu até li para minha filha e nós ficamos conversando sobre como a gente quer que o tempo passe rápido e nem percebemos que como o tempo a vida vai passando também. (Glória)

"E nós ficamos conversando..." A prática da leitura apresenta-se aqui como elemento de interação entre sujeitos, formadora e cursista, mãe e filha integrando-se em:

> [...] um processo de compreender a vida, para poder atribuir sentido à existência, uma vez que estamos envolvidos, como co-autores, na multiplicidade de textos que circulam. Compreendê-los é resgatar a nós mesmos e a nossa história, reconhecendo-nos e criando-nos novamente. Trata-se, pois, de uma contínua criação de significados, como possibilidade de rever e assumir a própria vida. (Leal, 2001, p. 267)

A autora nos ajuda a compreender a necessidade de construirmos uma aproximação afetiva e significativa com os livros.

Assim, o texto literário deve ser apresentado ao leitor como uma obra de arte, possibilitando o diálogo entre as pessoas. Serra (1998) aponta que "ver, ouvir, ler, sentir uma obra de arte é ver a si próprio e à sociedade de maneira mais clara e provocadora. É olhar de perto e longe ao mesmo tempo". (p. 98) É o texto literário que, nesse contexto, consideramos um facilitador da interação entre os indivíduos.

O movimento de estar com as professores(as) no PROFA, desenvolvendo com eles/as um conjunto de propostas e questionamentos sobre a metodologia de alfabetização ganha uma dimensão a partir do momento em que a leitura compartilhada ressignifica o olhar, os sentidos e as reflexões do grupo em relação às práticas leitoras e ao seu papel na dinâmica da escola e da vida, dinâmica construída e reconstruída por diferentes atores sociais que se propõem a mexer com as palavras e registrá-las, num movimento de esforço, de elaboração e de questionamento, em que a leitura é o ponto de partida para a escrita. Essa, enquanto instrumento de reflexão sobre o pensamento, nos ajuda a reorganizar o nosso próprio conhecimento e a reconhecer o esforço em garantir um espaço de visibilidade para as práticas de leitura, fundamentais à construção da cidadania.

Referências

ABRAMOVICH, Fanny. *Literatura Infantil Gostosuras e Bobices.* São Paulo: Scipione, 1994.

Guia do Formador do Programa de Formação de Professores Alfabetizadores – Módulo 1.

Guia de Orientações Metodológicas do Programa de Formação de Professores Alfabetizadores.

KRAMER, Sonia; OSWALD, Maria Luíza. *Didática da linguagem: ensinar a ensinar ou ler e escrever?* Campinas: Papirus, 2001.

LEAL, Leiva de Figueiredo Viana. Leitura e Formação de Professores. In: EVANGELISTA, Aracy A. Martins et. Al. (Org.) *A Escolarização da Leitura Literária: o Jogo do Livro Infantil e Juvenil.* Belo Horizonte: Autêntica, 2001.

Parâmetros Curriculares Nacionais, de 5ª a 8ª séries, Introdução.

SERRA, Elizabeth. *30 anos de literatura para crianças e jovens: algumas leituras.* Campinas: Mercado das Letras, 1998.

SOARES, Magda. A Escolarização da Literatura Infantil e Juvenil. In: EVANGELISTA, Aracy A. Martins et. Al. (Org.) *A Escolarização da Leitura Literária: o Jogo do Livro Infantil e Juvenil.* Belo Horizonte: Autêntica, 2001.

LEITURAS E LEITURAS NA EDUCAÇÃO DE JOVENS E ADULTOS

Vania Laneuville Teixeira

Partimos da convicção de que o homem se verá sempre como um ser inacabado, incompleto, ativo em busca de sua superação. É neste momento que a educação assume sua importância. A leitura, em uma sociedade letrada como a nossa, desempenha papel fundamental na aquisição e ampliação do saber, construído social e historicamente, e armazenado, em sua grande maioria, por meio de textos escritos. A leitura, assim, se apresenta como enigma a ser decifrado para que o indivíduo tenha acesso ao mundo simbólico e ao universo cultural de uma sociedade.

Mas é preciso ir além. Necessário se faz não esquecer, ou melhor, reconhecer que o processo de leitura e escrita alicerça o poder da fala, do discurso. Fazemos nossas as palavras de Clastres (1982, p. 106):

> Poder e palavra não subsistem senão um no outro, cada um deles é substância do outro e a permanência de sua dupla, se parece transcender a História, alimenta todavia seu movimento: há acontecimento, quando abolido aquilo que os separa e assim os condena à inexistência, poder e palavra se estabelecem no próprio ato de seu encontro. Toda tomada de poder é também uma aquisição de palavra.

Pensar nas relações concernentes a esse processo de aquisição das habilidades de leitura, escrita e oralidade, no universo dos jovens e adultos, que por motivos diferenciados retornam à escola, e em ações políticas desenvolvidas no âmbito do sistema de ensino, se coloca como objetivo maior das reflexões que pretendemos suscitar neste trabalho. Sabemos que não conseguiremos abordar o universo das questões que nos intrigam. Assumimos que iniciamos, aqui, a abordagem de questões que vêm preocupando a todos os profissionais de educação, que, comprometidos com esses/as alunos/as, procuram caminhos de dignificação deste contigente de cidadãos/ãs que a cada ano aumenta em número e multiplica seus sentimentos de esperança e ansiedade em relação à escola e ao conhecimento que pretendem adquirir.

O debate sobre a construção da leitura, da escrita e da ampliação da oralidade nos possibilita entender as práticas culturais e sociais que se encontram em diferentes campos, além do educacional.

Ao nos depararmos com alunos e alunas, jovens e adultos, trabalhadores em sua quase maioria, que após um dia inteiro de trabalho, buscam a escola na expectativa de crescimento, seja ele social, cultural ou econômico, muitos são os conflitos que se colocam em nossas mentes.

Nossas "aulas de leitura e escrita" têm resultado em inevitáveis e constrangedores bocejos, nos levando a um constante questionamento sobre os caminhos a seguir para despertar o gosto pela leitura e, a partir daí, caminhar para novas produções.

Quase sempre estamos a selecionar textos para que cumpram determinadas funções: interpretativa, lingüística e outras. Esquecemos, porém, de pensar no que Bourdieu chamaria de "uma crítica do estatuto social do documento: para que uso esse texto foi feito?" (BOURDIEU, 1996, p. 234). Por não compreender que "os mesmos textos podem ser diversamente apreendidos, manejados e compreendidos" (CHARTIER, 1994, p. 16) temos desprezado a investigação e o reconhecimento mais profundo sobre o processo vivenciado por esses/as jovens e adultos/as, que tardiamente retornam ao ambiente escolar, no que se refere aos modos diferenciados de acesso ao texto.

> A leitura não é somente uma operação abstrata de intelecção; ela é engajamento do corpo, inscrição num espaço, relação consigo e com os outros. (CHARTIER, 1994, p. 16)

Como desprezar a história de vida desses alunos, que vem ao encontro do ato de ler e escrever tardiamente, passando por leituras, compreensões e usos tidos como desqualificados em outros universos culturais?

Está claro que, considerando o esforço mental, pessoal e, poderíamos até dizer, físico, que estes alunos e alunas desprendem nessa busca que muitos intitulam de "recuperação do tempo perdido", existe uma forte predisposição para se inserirem nesse desafio, assim como, para serem influenciados pelos textos orais e escritos com que irão se confrontar. Mais uma vez nos reportamos a Bourdieu (1996, p. 244):

> Entre os fatores que predispõem a ler algumas coisas e a ser "influenciado", como se diz, por uma leitura, é preciso reconhecer as afinidades entre as disposições do leitor e as disposições do autor.

Ao tratarmos junto a alunos e alunas sobre a qualidade do material lido ou ainda por ser lido, parece que cometemos novos "delitos". Estamos aprisionados por uma consensual legitimidade literária que, por muitas vezes, nos afasta das possibilidades de progredir, a partir de leituras diferenciadas, de competências múltiplas, para o real gosto pela leitura, impedindo um conseqüente reconhecimento da mesma como fonte de enriquecimento cultural, social e de prazer. O encontro com o verdadeiro sentido da leitura, que também chega como instrumento de consecução de poder, pode ser iniciado nas formas mais elementares, populares e, até consideradas por muitos como ilegítimas, levando cada leitor e leitora a viajar por novos roteiros, tanto para fins e funções definidas, como por simples distração, numa viagem onde leitor, autor, texto e contexto se tornem uma só essência.

Reconhecemos, é verdade, que as obras tradicionais ou eruditas, fornecem prazeres e atrações singulares. Não aceitamos, entretanto, que sua supervalorização e endeusamento sirvam de instrumento de exclusão, marginalização e submissão, não considerando outros artefatos culturais que envolvem e são produzidos na interação entre os indivíduos numa dada sociedade, em determinado momento histórico.

Expandir o conceito de cultura, rompendo, ao mesmo tempo, as barreiras entre "alta" e "baixa" cultura, como proposto por Kellner, 1989 (In: Silva, 1995, p. 104), a nosso ver, é o caminho que desejamos ver ampliado ao conceito do que consideramos como leitura legítima.

Assumir tal posição nos coloca frente a uma pedagogia que amplie a noção de alfabetismo e a conseqüente entrada no mundo dos letrados. Não estaria, assim, restrita ao mecanismo de simples apreensão de habilidades mecânicas da leitura e da escrita, mas "em favor da idéia de um alfabetismo crítico, um alfabetismo que esteja vinculado com um discurso de emancipação, possibilidade, esperança e luta" (Giroux, 1988. In: Silva, 1995, p. 105).

Neste ponto, nos perguntamos se os professores, educadores e administradores educacionais reconhecem o que significa o ato de ler, escrever e o poder que representa a apreensão destas habilidades para que jovens e adultos desempenhem uma efetiva participação na sociedade, ou apenas as reconhecem como etapas a serem cumpridas para a obtenção de uma titulação de primeiro grau.

O livro não exerce sobre nossos alunos e alunas a mesma influência de tempos atrás. Seu poder se esvanece diante da multiplicidade de meios de informação e de comunicação. As imagens provenientes da mídia, da internet são muitas, fazendo brotar uma infinidade de leituras e pensamentos que penetram em nossas vidas, sem que, por muitas vezes, nos demos conta disso.

> O livro não exerce mais o poder que teve, ele não é mais o mestre de nossos raciocínios ou de nossos sentimentos em

face dos novos meios de informação e de comunicação dos quais a partir de agora dispomos. (CHARTIER, 1994, p. 95)

A escola, principalmente a de ensino supletivo noturno, tem representado a via principal e quase exclusiva de acesso à leitura e escrita erudita por parte desse universo de alunos/as. Ao mesmo tempo, ao trazer a valorização da necessidade da boa leitura e escrita, tem reduzido ao livro a idéia de depositário temporário de um trabalho mecânico e repetitivo, que nada tem a ver com a perspectiva que defendemos: o livro como depositário de saber, de novos mundos, de novos horizontes, com o poder para transformar visões de mundo e de práticas cotidianas. Perder a essência que pode ser vivida por meio da leitura de um livro é deixar escapar a possibilidade de viajar por mundos jamais imaginados e que nem sempre têm a interpretação que a escola quer lhe dar.

> Pensamos que ler um texto é compreendê-lo, isto é, descobrir-lhe a chave. Quando de fato nem todos os textos são feitos para serem lidos nesse sentido. (BOURDIEU, 1996, p. 234)

Acontece, a nosso ver, nessa passagem, o que poderíamos chamar de um equívoco pedagógico. A leitura e a escrita surgem formalizadas como processo cumprido, desde que exercícios esquemáticos sejam "satisfatoriamente" cumpridos, dentro de um período de tempo definido, partindo de textos culturalmente reconhecidos como eruditos, com interpretações previamente definidas acerca dos mesmos.

Perde-se, assim, a força de todo um esforço que jamais se configurará em riqueza cultural pessoal, que liberta e nos faz mais capazes de interpretar os fatos da vida em todas as suas dimensões. Ler a vida, portanto, é um processo que se esvai.

Recordemos Deleuze que nos diz "que nunca encontraremos o sentido de algo se não sabemos qual é a força que se apropria de tal, que a explora, que se apodera dela ou que se expressa nela" (In: LARROSA, 1996, p. 229). A partir das palavras de Deleuze podemos pensar não só nas relações a serem estabelecidas com o texto escrito, com as intenções de quem o escreveu, mas, ainda, indagar os motivos pelos quais a escola vem submetendo o pensamento e os sentimentos daqueles/as que por ela passam em amarras que os/as impedem de ousar viajar por novos caminhos, nunca antes trilhados, que lhes permitissem ousar de forma a encontrarem, a cada nova leitura, elementos para se construírem e tecerem seus próprios textos. Nietzsche, neste momento, certamente nos diria:

> Lo importante es asimilar lo que el texto tiene de fuerza, lo que tiene de alado y danzarín, y ponerse enseguida a caminar: no permitir ningúm alimento en el cual no celebren una fiesta también los músculos. (NIETZSCHE,1973, p. 35)

Talvez deixássemos, assim, de ministrar aulas de leitura, para começarmos a estabelecer um novo encontro, onde o texto fosse a busca e não a imposição.

De volta aos nossos jovens e adultos

A experiência por nós vivida, junto a alunos repetentes em educação de jovens e adultos, tem nos confirmado a hipótese de que muito pouco a escola supletiva noturna tem feito para o desenvolvimento da oralidade, leitura e escrita desses/as estudantes, criando a ilusão de que, ao passarem pelas fases iniciais do primeiro grau, estariam instrumentalizados a concluir seus estudos em igualdade de condições com os alunos do ensino regular.

Não se trata apenas de atribuir ao tempo em que estiveram distantes da escola a responsabilidade por suas dificuldades, pois, como verificamos, o próprio cotidiano da vida em muito facilitou a leitura das palavras e signos, mas não lhes proporcionou a reflexão do real significado destes, não lhes dando tampouco fluência oral e escrita, tão necessária à participação em sociedade. Como nos diz Chartier (1994, p. 24):

> ...o escrito está mesmo instalado no coração da cultura dos analfabetos, presente nos rituais, nos espaços públicos, nos espaços de trabalho. Graças à palavra que o decifra, graças à imagem que o desdobra, ele se torna acessível mesmo àqueles que são incapazes de ler, ou que dele não podem ter, por si sós, nada mais que uma compreensão rudimentar. (CHARTIER, 1994, p. 24)

Diríamos, assim, que são "decifradores de códigos de sobrevivência" e a escola, no caso do ensino noturno em regime de suplência, muita dificuldade tem tido para sair deste estágio, pois não só tem desconsiderado o universo cultural que tais jovens e adultos tem percorrido, como vem exigindo leituras positivistas.

> Ora, o fato de se ler coisas que não sabemos se foram feitas para serem lidas introduz um viés fundamental. Por exemplo, ler um ritual, que é algo como uma dança, como se tratasse de um discurso, como alguma coisa de que se pode dar uma formulação algébrica, parece-me produzir nele uma alteração essencial. (BOURDIEU, 1996, p. 232)

Insuficiente se torna, desse modo, a aquisição de um alfabetismo mecânico. É preciso levar esses jovens e adultos a um alfabetismo crítico no domínio da aprendizagem da leitura e da escrita, seja através de textos da cultura popular, seja através de textos da cultura erudita. Para tal, é preciso levar à apreensão de habilidades de desconstrução que possibilitem entender como os diferentes textos escritos, falados e transmitidos pela mídia funcionam, produzindo significados, influenciando e moldando nossas ações, pensamentos e estilos de vida. Nessa perspectiva, acreditamos que

> ...entre as leis sociais que modelam a necessidade ou a capacidade de leitura, as da escola estão entre as mais importantes, o que coloca o problema, ao mesmo tempo histórico e contemporâneo, do lugar da aprendizagem escolar numa aprendizagem da leitura, nos dois sentidos da palavra, isto é, a aprendizagem da decifração e do saber ler em seu nível elementar e, de outro lado, esta outra coisa de que falamos, a

capacidade de uma leitura hábil que pode se apropriar de diferentes textos. (CHARTIER, 1996, p. 240)

Talvez a grande questão, ao lidarmos com políticas públicas em educação, metodologias, material didático, propostas político-pedagógicas para o desenvolvimento da leitura e escrita, direcionadas ao ensino de jovens e adultos, seja a de identificarmos até que ponto levam a sério e em consideração as diferenças socioculturais deste segmento alvo.

O próprio material literário disponibilizado ao trabalho com este segmento pressupõe um aluno e uma aluna que não correspondem ao real, banalizando-os e infantilizando-os. Os textos pressupõem e induzem a conclusões primárias, impedindo, talvez de forma deliberada, o aprofundamento de algumas questões.

> Em todo livro de aprendizagem, há sempre um excedente em relação a essa aprendizagem, seja nos manuais contemporâneos ou naqueles do século XVII. Há sempre na escolha dos exemplos a inculcação de uma ideologia. (CHARTIER, 1996, p. 249)

A sensação que temos é de que a sociedade "enxerga" estes alunos e alunas como incapazes de qualquer mudança, com olhar similar ao que a "branquidade" lança às comunidades primitivas. A diversidade cultural e social de alunos e alunas é desconsiderada, sendo-lhes impostos discursos que nada significam, pois não representam o *discurso da própria sociedade sobre ela mesma* (Clastres, 1982, p. 108), logo, "não reconhecido como discurso legítimo", coerente, aceito. O pior é que ainda são cobrados a falar e escrever sobre o que não sentem, o que não conhecem ou reconhecem.

E como pensar, nesta ótica, a posição do/a professor/a? Colocar-se em sala de aula como profissional que aceita a diferença colocada como imobilismo, como representante de uma sociedade que admite e legitima a reprodução social e cultural, ou inquietar-se buscando novas alternativas, em um incessante trabalho de superação de barreiras em que professores e alunos se tornem coadjuvantes numa busca de poder ler, falar e escrever criticamente, e não, num pacto de dominação e submissão, em que a legitimidade a ser reconhecida estaria apenas no produto da ação escolar: a titulação de primeiro grau, mesmo que esta não se configurasse em apropriação de habilidades emancipatórias.

Como educadoras e educadores que somos, estamos envolvidos numa luta em termos de significados. Não podemos, porém, ignorar que só alguns serão considerados legítimos em determinada sociedade, em determinado momento histórico. Apesar das resistências que possam ocorrer, e muitas delas estarão no âmbito escolar, é impossível contestar o fato de que culturas hegemônicas terão maior poder de aceitação e legitimação.

A carência, talvez, esteja em se pensar o social, reconhecendo que vivemos imersos "em processos de lutas de poder". Romper com o senso comum, acreditamos ser, neste contexto, quebrar processos de naturalização que nos levam a acreditar e muitas vezes, inconscientemente, a aceitar que para esses alunos trabalhadores, produto de exclusões sucessivas, seja suficiente oferecer uma prática pedagógica repetitiva e preconceituosa, destituída de motivação e interesse, cujo produto será a oferta de diplomas desqualificados socialmente.

Quem sabe esse deva ser o primeiro discurso a ser desconstruído. Reconhecemos que a linguagem, a palavra e a escrita precedem a realidade, nomeando-a e, portanto, instituindo-a.

É preciso desenvolver junto a professoras/es e alunas/os habilidades interpretativas que permitam resistir à opressão, desvelando a realidade que determinado discurso pretende instaurar, tecendo um novo texto e uma nova realidade.

Os alunos e alunas do ensino supletivo noturno, apesar de não dominarem os códigos de leitura e escrita eruditas, têm toda uma rica experiência de vida que poderá ser explorada e ampliada, levando-os à apropriação de novas formas de expressão, assim como ao desenvolvimento do lado reflexivo, consciente e criador.

São esses alunos e alunas, que, no silêncio de sua exclusão cultural, têm servido à manutenção do poder daqueles que o utilizam em favor de seus projetos pessoais e populistas.

A esse contingente de estudantes, que a cada ano regressam à escola na esperança de dias melhores e de satisfações coletivas e pessoais, devemos, ao menos, a tentativa de procurar novos caminhos que os possibilitem ler, não só com os olhos, mas com o pensamento, com a emoção, com todo o seu corpo e essência espiritual. Permitir-lhes, assim, quem sabe, "soltar a voz" o mais fortemente quanto forem capazes.

Referências

BOURDIEU, Pierre; CHARTIER, Roger. A leitura: uma prática cultural. Debate entre P. Bourdieu e R. Chartier. In: *Práticas de leitura*. São Paulo: Estação Liberdade, 1996.

CHARTIER, Roger. *A ordem dos livros*. Brasília: Editora UnB, 1994.

CLASTRES, Pierre. O Dever da Palavra. In: *A Sociedade contra o Estado. Pesquisas de Antropologia Política*. Tradução de Theo Santiago. Rio de Janeiro: Francisco Alves, 1982.

DELEUZE, G. In: Larrosa, *La experiencia de la lectura*. Barcelona, Espanha: Laertes, 1996.

GIROUX, H. Border Crossings: *Cultural Workers and the politics of Education*. N. Y. 1992.

KELLNER, Douglas. Lendo imagens criticamente: em direção a uma pedagogia pós-moderna. In: SILVA, T. T. *Alienígenas na Sala de Aula*. Petrópolis: Vozes, 1995.

LARROSA, Jorge. *La experiencia de la lectura*. Barcelona, Espanha: Laertes, 1996.

NIETZSCHE. Leer en dirección a lo desconocido. In: LARROSA, Jorge. *La experiencia de la lectura*. Barcelona, Espanha: Laertes, 1996.

_____. *Crepúsculo de los ídolos*. Madrid: Alianza, 1973.

SOCIALIZANDO
LEITURAS DA LITERATURA

LEITURA LITERÁRIA EM TEMPOS DE CRISE

Ivete Lara Camargos Walty

Com um grande número de produções culturais que tomam o quotidiano violento por objeto, como o livro *Cidade de Deus*, de Paulo Lins, ou o filme *Amarelo manga*, de Cláudio Assis, a questão da representação volta a ocupar a cena da arte nacional. Nessa frase, além dos termos diretamente ligados à crise social, três palavras inserem-se mais explicitamente em polêmica acadêmica e cultural: representação, arte e nacional. Muitos artigos e ensaios já foram escritos para relativizar tais conceitos. No primeiro caso, de Platão a Deleuze, a tríade modelo, cópia e simulacro evidencia mais que a relatividade dos conceitos, a relatividade do real, que passa a ser visto como um construto de linguagem. Nesse sentido, a arte, vista antes com representação do real ou como representação de segundo grau, muda seu estatuto, emparelhando-se com outras produções culturais que se queriam mais fidedignas e confiáveis. Paradoxalmente, perde *status* justamente porque passa a ser vista como um discurso qualquer e, em um pretenso movimento de democratização, é despida das características que marcavam sua singularidade. Paralelamente a isso, discute-se a fragilidade do conceito de nação em virtude da circulação do capital internacional e do conseqüente enfraquecimento das fronteiras geográficas e culturais.

O quadro é muito complexo para ser resumido em um parágrafo, mas seu esboço ilumina a prática da literatura e do aparato teórico que a envolve. A Teoria da Literatura cede espaço aos Estudos Culturais, fazendo mover o pólo acadêmico da França para os Estados Unidos, passando pela Inglaterra. Compagnon (1999), por exemplo, lamenta o fim dos amores literários da era Barthes enquanto reflete sobre os demônios da teoria, as eternas questões: o que é literatura, seus sujeitos e objetos, a questão da *mimesis*, o valor, o lugar da crítica e da história literárias etc. Alguns escritores e críticos sentem-se privilegiados por pertencer à última geração letrada (Cf. Sant'Anna, 2001) e lamentam a falta de conhecimento literário das gerações contemporâneas, seu "iletrismo" ou sua "iliteratura".

Em outro espaço, as questões de gênero e de etnia, entre outras, substituem os acalorados debates sobre classes sociais. Decreta-se o fim das utopias e das vanguardas. O intelectual reconhece que não é um iluminado e que não pode levantar bandeiras, guiando multidões, ainda que muitos continuem avalizando propostas daqueles que não têm voz.

O cânone ocidental é desafiado por alguns e ratificado por outros. Continuam os congressos e as edições comemorativas de poetas e seus centenários. Por outro lado, publicações dos excluídos passam a ser estudadas ao lado de obras consagradas, instaurando a polêmica sobre o valor como elemento cultural.

Nesse cenário, situa-se o professor de língua e literatura, que não sabe bem o que ensinar e como ensinar. Os espaços se deslocam e os tempos de misturam. O fio de Ariadne já não é suficiente para sair do labirinto, ou, mais do que isso, já não se sabe se é preciso sair do labirinto ou vivenciá-lo, como se propõe em uma outra alegoria, a da dança dos gêranos[1]. Como

---

[1] "Rapazes e moças alternados e com as mãos dadas em fila simulam o percurso do labirinto através de uma dança típica. Há um guia em cada uma das pontas da fila, o que significa que eles podem correr em qualquer um dos sentidos. Diante de uma encruzilhada, o grupo pode percorrer simultaneamente as duas alternativas, cada guia puxando o grupo para cada uma delas. Caso uma das alternativas não tenha saída, o guia que se defronta com essa

no caso do fio de Ariadne, a metáfora de Heráclito sobre o rio em cujas águas não entramos duas vezes não dá conta de outros rumos das águas, seja na mistura dos lençóis freáticos, seja na rizomatização das rias. Além disso, há que se lidar com a poluição e seu potencial de impureza.

A palavra é sintomática, pois volta a Barthes (*Aula*: 1980) e seu sentido positivo do ato de contaminar, mantendo, paradoxalmente, a negatividade da ameaça à saúde e à sobrevivência da população humana.

Talvez valha a pena determo-nos nessa ambigüidade: as águas estão contaminadas, as diásporas desordenam ordens estabelecidas, as populações excluídas exibem-se exibindo o avesso do sistema que as exclui, os gêneros textuais lidam com a hibridização na busca de se manterem vivos.

É tempo de crise de paradigmas e valores. As reações são ora de nostalgia, ora de revolta ou de perplexidade. Talvez a última atitude seja a menos negativa, já que da perplexidade nasce a pergunta e a busca de respostas. A essa altura, a relação da Teoria da Literatura com os Estudos Culturais já não se delineia, necessariamente, como ameaça de um sobre outro campo. Antes, um acolhe a contribuição do outro, evidenciando a força da interdisciplinaridade. Nesse sentido, a Teoria da Literatura alarga-se em uma teoria da leitura, tomando como objeto também outros produtos culturais. Enquanto isso, os Estudos Culturais analisam seus objetos com ferramentas das teorias textuais. A esse respeito, vale lembrar Régine Robin quando, discutindo a interdiscursividade, afirma:

---

alternativa dá um grito e é logo compreendido por seus companheiros: a fila passa a ser dirigida então pelo outro guia até a próxima encruzilhada.[...] A idéia de optar simultaneamente por todas as alternativas marca a diferença da dança dos gêranos em relação ao fio de Ariadne. A beleza e a astúcia da estrutura do labirinto estão na multiplicação das possibilidades e na vivência dos tempos e espaços simultâneos." (MACHADO, 1997, p. 151)

Nos nossos dias, a fragmentação do objeto literário é de tal ordem que a sua setorização pulverizou todos os etnocentrismos da legitimidade. Já não há uma literatura, quer pertencente ao círculo alargado quer ao círculo restrito; há agora objetos particulares que têm cada um a sua forma de se inscrever no literário, de produzir o literário ou de pensar o literário. (Robin, 1995, p. 63)

Mesmo que se possa relativizar afirmação tão peremptória, baseada numa crença bastante democrática do exercício cultural, há que se reconhecer com a autora que a prática interdiscursiva parece ser um modo de conhecimento adequado à sociedade atual.

Se a cultura é um hipertexto em que cada texto é um nó que pode conter redes inteiras (Lévy, 1993), não há como se manter a ancoragem das identidades textuais e das certezas gramaticais.

Buscando caminhos para se situar no cipoal em que se encontra, o professor reconhece a diferenciação das práticas discursivas e das abordagens que a leitura pode fazer dos textos e aprende que deve deixar um espaço para a leitura literária, marcada pelo lúdico, atravessada pelo desejo, fonte de prazer e fruição. Mas, mais do que isso, mesmo sabendo da relatividade dos conceitos e das classificações, busca operadores de leitura que lhe permitam explorar a textualidade, observando as relações entre enunciado e enunciação, suportes e gêneros, figurações do autor e do leitor. Ciente da importância dos conhecimentos prévios e demais condições de recepção na produção de sentido, vasculha o texto, detectando estratégias textuais, configuradoras de vozes e valores.

É o momento, pois, de uma intensificação do diálogo entre lingüistas e teóricos da literatura, com o objetivo de se ampliar o campo de leitura. Se o texto é nossa matéria comum, não há porque manter o fosso entre as abordagens feitas. Tal postura não significaria ignorar tensões e contradições, e sim encará-las como pontos de inquietação e produtividade.

Nesse sentido, a Teoria da Literatura, em diálogo com os Estudos Culturais, pode fazer algumas perguntas à Lingüística. O debate sobre as diferenças lingüísticas em sua relação político-social antecedeu aquele sobre a questão do cânone e a necessidade de incorporação do diferente, do excluído.

A literatura seria, por excelência, o campo da pluralidade lingüística, do dialogismo, no acolhimento do diferente, como bem mostra Bakhtin (1981,1993). A crítica sempre aceitou a presença da oralidade, do discurso popular, no texto dado como canônico, mas o que está em pauta hoje é o sujeito da enunciação. Narrativas testemunhais de presos, moradores de ruas e outros representantes das chamadas minorias impõem-se à sociedade e, paradoxalmente, incrementam o mercado de livros.

Como os pobres e suas casas no meio da rua incomodam a cidade, que se quer em ordem; quando quer assumir seu discurso, o excluído ameaça o sistema literário, "polui" a tradição, rompe a aparente linearidade do rio, evidenciando faces que se preferiam escondidas.

Paralelamente a isso, a narrativa urbana atual procura dar conta dessa fragmentação, apossando-se desse tipo de discurso. Mas, diferentemente, da literatura realista do século XIX, que se queria fiel aos fatos, criando um efeito de real (Barthes, 1988), ela se confessa impotente e exibe seu caráter de escrita. Luiz Ruffato, por exemplo, em *Eles eram muitos cavalos* (2002), incorpora a linguagem do outro na construção do gênero romance. O livro incorpora diferentes gêneros textuais: o calendário e o santo do dia, o recado da secretária eletrônica e o horóscopo, o discurso do pastor evangélico no meio da multidão, a lista de livros da biblioteca doméstica, a ocorrência policial, o relato jornalístico, a carta ou o texto de um diploma. Trata-se de uma mistura de gêneros na criação de um outro gênero, nomeado como romance. Consideremos com Bhatia, que os gêneros se definem essencialmente em termos do uso da linguagem em contextos comunicativos convencionados, que dá origem a conjuntos específicos de propósitos comunicativos para grupos sociais e disciplinares especializados, que, por sua vez, estabelecem formas estruturais relativamente estáveis e, até certo ponto, impõem restrições quanto ao emprego de recursos léxico-gramaticais. (2001, p. 103)

Se a diversas teorias de estudo do gênero realçam o aspecto de convenção que os caracteriza, vale interrogar se o texto literário poderia ser visto como um gênero discursivo, marcado por um propósito comunicativo especial. Assim, equiparado a outros discursos, é visto como um domínio discursivo que entra em funcionamento por meio de determinadas práticas sociais. Não perde, pois, suas singularidades e, por sua vez, esse domínio discursivo, além de se subdividir em muitos gêneros, vale-se de uma grande variedade discursiva na construção de seus textos.

A pergunta seria: até que ponto a literatura, ao utilizar gêneros discursivos diversos, instaura uma transgressão e até que ponto essa transgressão se circunscreve a um outro domínio discursivo, com convenções próprias e outras relações de poder, circunscrevendo também a recepção? Se assim for, como formar o leitor para a recepção desse gênero?

Ao discutir tais relações de poder que, de resto, atravessam todos os discursos, Bhatia, referindo-se a Fairclough, interroga-se sobre uma possível democratização das práticas discursivas, contrapondo-a à elaboração de leis em inglês que mantém a "integridade dos gêneros legislativos".

Diz Bathia:

> Boa parte dos discursos acadêmicos ainda não consegue reconhecer as fontes de variedades, especialmente aquelas da marginalidade e da exclusão, dando a impressão de que não há, ou não deveria haver, qualquer variação no modo como os gêneros são construídos, interpretados e usados. (2001, p. 113)

Nesse sentido, outras questões podem ser levantadas:

A demanda pela democratização dos gêneros, que, no caso da literatura levaria à abertura do cânone, correria o risco de repetir a proposta de não se ensinar a modalidade padrão da língua, atitude vista por alguns como impositiva? Deixar de ensinar a modalidade padrão da língua ou a leitura do texto dado como literário, canonizado, seria mesmo uma forma de democratizar o ensino, e, mais do que isso, as relações sociais? E o valor da arte nas relações de mercado? E os discursos políticos talhados na língua padrão seriam lidos só pelos pares de quem escreve?

A democratização não seria, então, a dos atos de produção e recepção? Não seria necessário estarmos abertos a todo tipo de produção cultural, percebendo-a como linguagem que se dá a ler? Ouvir o outro, mas deixá-lo também ouvir vozes diferenciadas do sistema de que faz parte?

A violência que se expande na sociedade atual não seria ela mesma uma forma de linguagem a se dar a ler, decorrente, pelo menos em parte, da ausência do acatamento da pluralidade de vozes sociais?

A cidade pós-moderna exibe a diversidade social, étnica, política, evidenciando que as classes subalternas não mais "reconhecem seu lugar", lugar este que lhe fora conferido pelo planejamento da cidade moderna, em sua organização excludente e esterilizadora.

Diz Viviane Forrester, ao discorrer sobre essa sociedade que não é mais a do emprego:

> E como são cada vez menos vistos, como alguns os querem ainda mais apagados, riscados, escamoteados dessa sociedade, eles são chamados de excluídos. Mas, ao contrário, eles estão lá, apertados, encarcerados, incluídos até a medula! Eles são absorvidos, devorados, relegados para sempre, deportados, repudiados, banidos, submissos e decaídos, mas tão incômodos: uns chatos! Jamais completamente, não, jamais suficientemente expulsos! Incluídos, demasiado incluídos, e em descrédito. (1997, p. 15)

Na verdade, eles não são "menos vistos", estão antes nas cidades, deixando-se ver nas ruas e nas praças. Mas ser visto não é suficiente. Como bem mostra Eugène Enriquez (1974) ouvir é muito mais difícil do que ver, pois ao olhar corresponderia a unidade, à voz a marca da divisão. Diz o autor:

> Pode-se igualmente compreender melhor a importância de ter sua própria voz, sua própria palavra (não ficar sem voz), porque falar é constituir os outros no seu próprio discurso, fazê-los existir como se deseja, e não escutar a voz dos outros naquilo que ela remete à divisão, ao espedaçamento, à nossa constituição pelos outros. (ENRIQUEZ, 1974, p. 58)

A fragmentação dos gêneros, sua mistura e hibridização não poderiam ser vistas como uma alegoria, no sentido benjaminiano, a exibir o movimento social excludente? Como as casas de rua feitas das sobras de construções regulares, os textos feitos de cacos de discursos, em um movimento de bricolagem, não revelariam uma engenharia social e política e sua engrenagem?

Engenheiros que somos, treinados para construir discursos, podemos assumir também o lugar do *bricoleur*, ou, pelo menos, aprender com ele a considerar os restos, as sobras, percebendo-as e identificando seu papel nos discursos que lemos e/ou escrevemos? Não há uma engenharia sustentando os barracos nos morros? Ela não é fruto de leituras diferentes das por nós preconizadas? Estaria a engenharia do texto literário mais próxima da bricolagem? Por isso mesmo, seria esse tipo de texto um espaço de interseção, a ampliar o domínio da recepção, de modo a superar fossos sociais?

A mobilidade discursiva não substitui a mobilidade social, mas a indicia, registrando pontos fixos e reificados; é nesses nós que podemos atuar, textual e socialmente, buscando parceiros de escrita e de leitura.

Uma categoria que parece produtiva para lidar com nós, textuais e sociais, é a da enunciação, já que daria conta da cadeia de sujeitos e suas vozes. Assim, a interseção entre lingüistas e teóricos da literatura poderia ser útil na formação de outras interseções.

Referências

BAKHTIN, Mikhail. *Marxismo e filosofia da linguagem*. Trad. Michel Lahud e Yara F. Vieira. São Paulo: Hucitec, 1981.

BAKHTIN, Mikhail. *Questões de literatura e de estética*. A teoria do romance. Trad. Aurora F. Bernadini et al. São Paulo: Unesp, 1993.

BATHIA, Vijav K. Análise de gêneros hoje. In: *Revista de Letras*, n. 23, v. 1/2, jan./dez. 2001, p. 102-115.

BARTHES, Roland. *Aula*. Trad. Leyla Perrone-Moisés. São Paulo: Cultrix, 1980.

BARTHES, Roland. *O rumor da língua*. Trad.Mário laranjeira. São Paulo: Brasiliense, 1988.

BENJAMIN, Walter. *Origem do drama barroco alemão*. Trad. Sérgio Paulo Rouanet. São Paulo: Brasiliense, 1984.

COMPAGNON, Antoine. *O demônio da teoria*. Literatura e senso comum. Trad. Cleonice Mourão e Consuelo Santiago. Belo Horizonte: Editora da UFMG, 1999.

ENRIQUEZ, Eugène. Imaginário social, recalcamento e repressão nas organizações. *Tempo brasileiro*. A história e os discursos. Rio de Janeiro, n. 36-37, jan./jun. 1974, p. 53-94.

FORRESTER, Viviane. *O horror econômico*. Trad. Álvaro Lorencini. São Paulo: Editora da UNESP, 1997.

FOUCAULT, Michel. *A ordem do discurso*. Trad. Laura Fraga de Almeida Sampaio. São Paulo: Loyola, 1996.

LÉVY, Pierre. *As tecnologias da inteligência*. Trad. Carlos Irineu da Costa. Rio de Janeiro: Editora 34, 1993.

MACHADO, Arlindo. Hipermídia: o labirinto como metáfora. In: DOMINGUES, Diana (Org.). *A arte no século XXI*: a humanização das tecnologias. São Paulo: Editora da UNESP, 1997, p. 144-154.

ROBIN, Régine. Extensão e incerteza da noção de literatura. In: ANGENOT, Mark et al (Orgs.). *Teoria literária*: problemas e perspectivas. Trad. Ana Luísa Faria e Miguel Serras Pereira. Lisboa: Dom Quixote, 1995, p. 59-65.

SANT'ANNA, Affonso R. Última geração letrada. *Estado de Minas*, 04 fev. 2001, p. 10.

RELEMBRANDO ALGUMAS
PREMISSAS FUNDAMENTAIS[1]

Cyana Leahy

Existe uma diferença fundamental entre a leitura e o estudo de literatura, entre a leitura e a educação pela palavra-arte, isto é, a literatura. A leitura, como sabemos, se dá em diversos espaços sociais, em casa, na rua, no cinema, nas brincadeiras com amigos. A leitura da palavra prescinde de espaços predeterminados para sua ocorrência: eventos de leitura nos cercam e imprimem marcas culturais em nosso cotidiano, seja através dos variados meios de comunicação, seja no convívio familiar, social, profissional. Estudar literatura, porém, implica um espaço específico, a presença de um/a professor/a (pessoa ou livro didático) e vários alunos. Sua tarefa comum é o deciframento de significados ocultos, na vertente mais construtiva, e/ou a memorização de informações extra-literárias, na maioria das vezes. Qualquer sala de aula formal confirmará esse aforismo. Na verdade, nossa tradição de estudos se faz *sobre* literatura; não somos educados *pela* literatura.

Como venho reforçando em textos recentes, a literatura como campo de estudo e como fazer artístico não encontra

---

[1] Este texto consiste em uma tentativa de apresentar por escrito a conversa breve e informal, de cerca de vinte minutos, travada com a participação ativa da platéia na mesa Socializando Pesquisas, *Jogos do Livro V*. Pelas inadequações antecipadamente me desculpo: também na passagem da fala para a escrita, *traduttori traditori* – tradutores são traidores.

ressonância nas práticas escolares. Há um desequilíbrio entre a promoção da leitura e o início do estudo formal de literatura como disciplina: nos anos iniciais de escolarização, enfatiza-se a aquisição de livros e revistas, e a promoção da leitura integra o dia-a-dia da sala de aula, reforçando ainda grande parte dos eventos de socialização na escola: feiras de livros, presença de autores, manhãs e tardes de autógrafos, festa do livro etc. À medida que se adensa a programação de estudos nas séries finais de educação fundamental e no ensino médio, a leitura é substituída pela aquisição de dados informativos 'sérios' nas diversas áreas. Reduz-se o espaço do prazer e da arte de ler, em prol do ensino e da aprendizagem das matérias do núcleo 'duro'. O estudo das línguas nacional e estrangeira se dá por meio de dados informativos geralmente esparsos, com informações gramaticais e lexicais. O texto, quando presente, tem a função básica de decodificação e testagem do aprendido. Professores e programas escolares não se constrangem em esquartejar textos artísticos em prosa ou poesia, se servirem a seus propósitos de ilustração de dada informação gramatical. Diálogos pouco genuínos fazem parte do cotidiano escolar, introduzindo uma leitura falsamente natural entre falantes estrangeiros. Isso é amplamente conhecido, sendo alvo até de canções populares ridicularizando o ensino de inglês (*The book is on the table*).

Para onde vai a leitura? Os afortunados que têm acesso a bons acervos em bibliotecas públicas ou particulares acessíveis e amigáveis, focos de resistência, encontram estímulo à leitura nesses espaços. A grande maioria, contudo, aprenderá a se distanciar e a sobreviver sem isso. Afinal, a televisão, soberana, gratuita e anestesiante, irá se impor como leitura de mundo, prazer dominante, atividade de ócio e lazer. Muitos reconhecerão essa tradição escolar e social como integrante de sua formação; é uma tradição que resiste às pesquisas recentes, às novas propostas, às recomendações de especialistas, educadores, teóricos, literatos.

Os Parâmetros Curriculares Nacionais (PCN) do Ministério da Educação, divulgados a partir de 1999, resultaram de discussões nas principais instituições acadêmicas do país, e vieram propor novos rumos à leitura. Na verdade, os PCNs recomendam a eliminação da literatura como disciplina independente, incorporada aos processos de ensino através da leitura. De forma muito breve, eu diria que a proposta dos PCNs, para o ensino de línguas, baseia-se na leitura das estruturas mais profundas de variados textos – leitura entendida aqui no sentido mais amplo que a decodificação superficial de signos. Essa leitura será auxiliada pelos conhecimentos lingüísticos e literários, a serviço da compreensão dos textos, que abrangerão as diversas funções da linguagem.

Como professora de licenciatura em Letras, promovi com minhas turmas alguns debates sobre a proposta dos PCNs, leitura obrigatória em minhas disciplinas. Freqüentemente, propostas institucionais são vistas com suspeição, o que é até bastante recomendável, em sentido amplo: novas informações e decretos geralmente aterrissam sem discussão, terceirizadas, decisões tomadas e impostas. Nas leituras dos licenciandos em Letras foram feitas críticas à informatização dos saberes, à eliminação da literatura, à desvalorização dos estudos gramaticais etc., características desses novos parâmetros. Na verdade, raras vozes na universidade se detiveram na leitura atenta e na apreciação mais ou menos isenta da nova proposta de estudos de leitura. Se isso ocorreu no espaço acadêmico de formação de docentes, o que estaria acontecendo nas escolas?

Não parece producente esperar que professores formados e habituados no paradigma de supervalorização da gramática e das informações paraliterárias (características historiográficas dos períodos, nomes e datas) começassem a valorizar leitores e textos, invertendo uma ordem dominante desde sempre, de modo indolor. Aliás, a chamada "educação docente continuada", feita nas escolas por ordem das secretarias de educação, por meio de reciclagens e treinamentos obrigatórios de curtíssima duração, geralmente ao término das férias escolares, pouco acrescenta à cognição e à ação de professores, pelo menos em termos de reflexão sobre sua prática.

Seres humanos que somos, tememos o desconhecido, e o imaginamos muito mais difícil e perigoso do que realmente é. Para que seja possível abandonar antigas estruturas de pensamento e de ação, é preciso conhecer para entender e criticar de forma lúcida e coerente. Pois a ideologia não é um discurso: requer que se esmiúcem falas, que sejam captados sentidos aparentes, implícitos, que se dominem manhas e artimanhas. Toda interpretação (da lei, do texto, da arte) é central à análise, como construção simbólica significativa. E sobre que bases epistemológicas significativas construímos nossa interpretação? Sobre que suportes fazemos as diversas leituras? Quem efetivamente leu os PCNs nas escolas?

Usando um argumento metalingüístico, eu diria que a própria leitura da recomendação sobre leituras, encontrada nos PCNs, implica a desconstrução de uma formação docente que trata o fenômeno interpretativo como ato epidérmico e superficial: as respostas (pré-prontas) estarão sempre disponíveis no final do livro, no gabarito fornecido pelos autores. Reinterpretar a nova ordem (de interpretação) exige uma capacidade argumentativa além da competência para a qual professores de línguas e literaturas foram treinados. Para Pedro Demo (2001, p. 74), "argumentar é tratar o outro como alguém capaz de ser convencido e capaz de me convencer", e essa questão é fundamental na crise de leitura que vem, há muito tempo, afligindo a escola. Se o livro didático é o princípio e o fim de qualquer discussão, leitura, análise e interpretação, não foi desenvolvida a competência argumentativa fundamental ao espaço escolar de construção de saberes.

Sujeitos sociais (na escola, professores e alunos) são definidos a partir da competência política que dá sentido à competência técnica. Interpretar e argumentar são processos intimamente imbricados; e o contexto da fala (e da escrita, da leitura) é uma construção social marcada por correlações de força, de influência sobre o pensamento do Outro.

A interpretação única nega a diversidade de olhares, essencial para captar realidades diversificadas, complexas, visíveis de muitas maneiras. Olhando ao redor, vemos que não há objetos puros e simples na sociedade; toda comunicação é manipulada. Estratégias de *marketing* abundam na mídia, dentro e fora de nossas casas, de nossas salas de aula; e, portanto, o estudo 'científico' do texto implica equilibrar o verificável e o discutível. Isto é, não se trata de um vale-tudo interpretativo, mas tampouco se trata de seguir cegamente a linha de pensamento de outrem. Todos os dados devem ser analisados e considerados, pois são constructos ideologicamente comprometidos.

Uma proposta de leitura profunda do texto, literário ou não, vai exigir um estudo em três etapas: a) devem ser consideradas as condições de produção, circulação e recepção das formas simbólicas do texto, o que não corresponde à hipervalorização dos elementos extratextuais; trata-se de uma análise sociohistórica dessas condições, para entendermos os mecanismos ideológicos de visibilização de determinadas escrituras, e escritores; b) deve ser estudada a complexidade dos objetos e expressões que circulam nos campos sociais, com o respaldo de teorias críticas de leitura – a semiótica, a análise sintática, a análise da narrativa, da argumentação, da comunicação etc.; c) a interpretação renovada (reinterpretação) será a síntese da análise, buscando construir significados outros, além do que é simplesmente verbalizado; sua realização satisfatória irá depender do quadro teórico de referência[2].

Como pôr em prática um projeto coerente, significativo, consistente de leitura, segundo a proposta dos PCNs, de priorização do texto sobre dados informativos a ele exteriores? Minha proposta é tratar a leitura de cada texto como um projeto de pesquisa, estabelecendo os problemas de leitura e os elementos de análise que poderão responder às perguntas

---

[2] A proposta segue os pressupostos de DEMO na obra citada.

ou hipóteses, a partir de determinados métodos de produção de dados. Tentarei refazer aqui o trajeto que construímos na apresentação desta proposta, nos Jogos do Livro de 2003.

Nosso exercício se apoiou na leitura de um breve poema sem grandes pretensões nem dificuldades de vocabulário. Por isso mesmo, o consideramos um bom espaço de testagem de diferentes "manipulações" de leitura.

>   ***O grilo***
>
>   Grilo, toca aí um solo de flauta.
>   - De flauta? Você me acha com cara de flautista?
>   - A flauta é um belo instrumento. Não gosta?
>   - *Troppo dolce*

O poema foi apresentado apócrifo, para minimizar possíveis interferências de leitura, ou atitudes de subserviência ao autor. A contextualização sociohistórica foi intratextual, levantando elementos interpretativos específicos: a ideologia do 'flautista', de tocar flauta, as possíveis referências históricas (no caso, mitológicas) ao deus pagão flautista – Pan etc. Nosso problema central foi tentar descobrir a existência de níveis mais profundos de leitura de um texto aparentemente simples e quase infantil. Precisaríamos descobrir: que diálogos implícitos haveria sob o diálogo explícito; que jogos de poder e sedução estariam ocultos sob a linguagem musical fácil e clara; qual seria a complexidade ideológica subjacente à argumentação do primeiro falante; que modos de ler seriam possíveis, informados pelas quadros teóricos de referência. A interpretação do poema levaria em conta o ponto de vista de cada sujeito falante, considerando a relação de poder e conhecimento embutida nas falas.

A expressão italiana musical (*troppo dolce*, "doce demais") foi o único elemento lexical a demandar explicação. Em seguida, decidimos tentar atribuir poder ao primeiro falante, que se dirige ao interlocutor chamando-o de "grilo", e usando "aí", elemento expressivo que pode denotar excessiva intimidade. O grilo é instado a solar, ou seja, sem o acompanhamento dos outros instrumentos da orquestra. Foi consensual no grupo a decisão de que a flauta seria um instrumento 'menor' (em comparação aos recursos técnicos do piano, por exemplo).

Se diminuirmos o tom da réplica do personagem grilo, aumentando o registro ao passarmos à terceira linha do poema, podemos perceber que a retomada do argumento se desvia da questão inicial, e o primeiro interlocutor faz duas enunciações: afirma que a flauta é um belo instrumento, e demanda do grilo a definição de seu gosto, e não de sua concordância ("não gosta?", quando seria esperada a pergunta "não acha?"). A leitura expressiva, em voz alta, revelou conotações socioculturais de poder. Revelou, ainda, numa linha psicanalítica, uma espécie de convite sexual ao grilo, que representaria o órgão sexual feminino (vagina, "grelo"), já que a flauta (falo) mais parece pertencer ao universo do interlocutor inominado, que a qualifica ("belo instrumento").

A inversão dos papéis de poder revelou um interlocutor que procura timidamente se aproximar do grilo (e, nesse caso, o "aí" seria parte dessa tentativa de intimidade, de aproximação), em confronto com um grilo arrogante e agressivo, que fecha a conversa demonstrando conhecimento musical erudito com a expressão *troppo dolce*. Evidentemente, nossa leitura contou com alguma teatralidade, reforçando expressivamente os binários opostos de poder e submissão em cada leitura.

Como foi solucionado o problema proposto para essa leitura? Parece claro que descobrimos níveis implícitos de decodificação; que a linguagem musical e leve bem pode mascarar relações de poder, de sedução, de imposição de padrões ideológicos e culturais. Voltando à questão da diversidade de olhares, certamente teríamos outra leitura, por exemplo, se o poema fosse submetido a um/a flautista, que nele poderia ver a supervalorização ou o total desprestígio de seu instrumento. Comunidades interpretativas, expressão cunhada por Stanley Fish, usam seu acervo comum para estabelecer leituras; a proposta dominante acabará por ser aquela feita pela 'comunidade' de maior prestígio social.

O certo é que, à medida que nos informamos teoricamente, descobrimos novas possibilidades de leitura em cada texto. Por isso, precisamos desse instrumental teórico extenso, vasto e substancial, para que não nos limitemos a um olhar, a uma única leitura – seja ela nossa, ou de outrem.

Outros exemplos teriam sido dados, houvesse mais tempo. O que pretendi, com essas breves considerações e a brincadeira interpretativa com o poema, cujo autor já posso revelar (Manuel Bandeira), é ajudar a repensar a questão da leitura, especialmente a leitura do literário, para além da predominância absoluta das regras classificatórias, das características impostas, das respostas absolutas encontradas nos gabaritos dos livros didáticos. Penso que é essa a proposta geral dos PCNs para a leitura e para o estudo das línguas. Interpretar – ou reinterpretar, como prefere Demo – requer uma análise das estruturas sociais, sintáticas, históricas, ideológicas. Esse é, ao mesmo tempo, o universo da leitura, o universo dos estudos da língua, o universo dos estudos da literatura. É a isso que me referi quando falei em educação pela palavra-arte, em educação literária.

Antes de mais nada, porém, precisamos expandir nossos horizontes de leitura, ampliando e aprofundando as possibilidades, até que percamos o medo de ver, de ouvir, de arriscar. Aí sim, poderemos começar a ensinar a ler.

Era basicamente isso o que eu tinha a dizer.

Referências

DEMO, Pedro. *Pesquisa e informação qualitativa*. São Paulo: Papirus, 2001.

A LINGUAGEM LITERÁRIA: SUA ESPECIFICIDADE E SEU PAPEL

Patrícia da Silva Pacheco

Walter Benjamin, pensador alemão integrante da Escola de Frankfurt na primeira metade do século XX, desenvolve uma análise interessante sobre a função estética da linguagem literária e seu papel na sociedade moderna. O filósofo acreditava que, já em sua época, a arte de narrar estava em decadência (BENJAMIN, 1994). As constantes transformações por que passavam a sociedade e a vida cotidiana faziam com que as pessoas se envolvessem no ritmo frenético imposto por estas mudanças, e não se dessem mais o direito de narrar e tecer, vagarosamente, fatos ocorridos no dia-a-dia, fatos imaginários ou, até mesmo, uma mescla de ambos. Não havia mais tempo nem interesse em buscar na coletividade, nas conversas em grupo, no envolvimento com a sabedoria dos mais velhos, o material necessário para elaborar o próprio verbo e a própria vida. Benjamin não desprezava os avanços oriundos da modernidade. Acreditava que eles ofereciam oportunidades de o homem enxergar mais e melhor muitas coisas que antes eram inconcebíveis, inimagináveis ou levemente vislumbradas (ROUANET, 1990). Entretanto, nem tudo deveria se constituir numa apologia ao futuro, ao moderno. Era imprescindível buscar as bases desse sujeito moderno, paradoxalmente, na tradição, em valores perenes.

Era fundamental que, mesmo na modernidade, o ser humano fosse, de fato, humano. E o que há de mais humano no sujeito senão o verbo, a linguagem constituidora de sua consciência (Kramer, 1993)?

Walter Benjamin denunciava que o homem burguês, moderno e tecnológico estava assistindo ao empobrecimento da experiência e, com ele, ao definhamento da linguagem. Sempre alerta, sempre à espera do novo, sempre pronto para reagir aos choques da vida moderna, o homem passa a viver para o imediato, para o útil e o urgente (Roaunet, 1990). Essa atmosfera se reflete nas artes e na literatura, mais especificamente. As narrativas, que traziam, num ritmo lento, como numa tela detalhadamente pintada, a rotina e a sabedoria das sociedades tradicionais organizadas coletivamente, dão lugar ao romance, gênero literário que retrata o homem solitário em seus conflitos individuais e que prima por uma linguagem mais acelerada. Não mais a calma, o entretecer da sabedoria acumulada por anos de experiência no seio de grandes grupos. O romance representa a primazia do indivíduo, e se ele suplantou a linguagem detalhada, bordada das antigas narrativas, o que dizer, então dos meios de comunicação de massa? Para Benjamin, com o advento da imprensa, a sabedoria dá lugar à informação e, com ela, a linguagem pouco-a-pouco se fragmenta perdendo uma de suas principais funções: permitir o fluxo e o refluxo do pensamento para constituir a consciência individual.

A linguagem, como produção de conhecimento, é mais do que veículo de informação ou de conteúdo. Ela é a própria materialização da consciência, daquilo que permite a formação do sujeito e que, ao mesmo tempo, não prescinde, de forma alguma, da interação social. A linguagem só assume sua essência na coletividade, em situações em que sejam possíveis experiências intersubjetivas como condição para a formação da intrasubjetividade (Kramer, 1993).

O cenário pintado por Walter Benjamin, no início do século XX, revela uma Europa palco de incríveis conquistas industriais, mas, nem por isso, isenta de barbárie e miséria humanas (Rouanet, 1990). Como conseqüência, a experiência se degradava, os valores tradicionais não tinham mais espaço, a solidão e o individualismo passavam a figurar surpreendentemente. No teatro da vida, ou melhor, na tela da vida (pois é tempo de ir ao cinema, a sétima arte estava despontando) só havia papel para o que fosse útil e trouxesse retorno imediato.

Benjamin, entretanto, não se deixa levar euforicamente pelo fluxo dos acontecimentos. Pára, reflete, contesta. Percebe as positividades de todas essas mudanças, mas clama por um resgate do que havia de primordial na tradição e não poderia se perder, sob pena de colocar em risco o que há de mais humano no ser: a arte de narrar, o uso expressivo e estético da linguagem.

O filósofo já manifestava essa preocupação em sua época. E hoje? O que diria se vivesse as transformações contemporâneas? Qual seria sua postura diante da internet, dos supersônicos e de tantos outros avanços da ciência que se propõem ampliar os sentidos e as habilidades humanas? Certamente, destacaria suas positividades, mas, também, não deixaria de se colocar perplexo diante de algumas conseqüências negativas não de todos esses avanços, mas da forma como são incorporados ao cotidiano.

Como analisar o papel da literatura nesse cenário? Se, na época de Benjamin, a arte de narrar estava em baixa cotação, o que falar de sua ação nos dias de hoje? A literatura está em decadência? Num tempo em que cada vez mais se reclama da falta de tempo para realizar o que é útil, para dar conta de todas as atividades e tarefas diárias, como encontrar espaço para a "inutilidade" que dorme num poema, ou para linhas e linhas imaginárias e fictícias que se "esparramam" numa narrativa? A vida nos chama e é preciso estar em constante movimento. Parar para ler, só se for informações úteis. Freqüentar bibliotecas, só se for para pesquisar conteúdos escolares. Ler obras literárias, só se for para receber nota ou conceito na escola. Esse é, muitas vezes, o pensamento que predomina em alguns círculos sociais, até mesmo entre alguns professores, esquecendo que a literatura, em suas lacunas, possibilita o momento de parar o fluxo incontido das ações cotidianas para refletir e redirecioná-las. A leitura literária permite preencher os vazios do texto ao mesmo tempo em que preenche os vazios da própria subjetividade. A prática literária é uma forma não de alijamento do mundo, mas uma tentativa de reverter o ritmo frenético e inconsciente que se impôs como incontestável e inexorável às sociedades modernas.

Não é raro escutar, em reuniões escolares ou em conversas informais entre colegas docentes, a necessidade de tornar o livro mais atraente e mais dinâmico por meio de recursos como jogos, dramatizações, atividades plásticas... E não é raro, também, presenciar discussões em que se defende a utilização de textos literários em sala de aula sempre com um *aproveitamento* posterior, como se o texto, por ele mesmo, não tivesse proveito nenhum, fosse um recurso, um pretexto para alcançar um conhecimento *superior* (geralmente de ordem gramatical).

Não discordo da utilização de técnicas lúdicas e cênicas para trabalhar o texto literário, tampouco nego a possibilidade de a literatura servir de pretexto em diversas situações e para objetivos distintos, mas defendo que, em qualquer um desses casos, ao trabalhar com a leitura literária se respeite a especificidade dessa linguagem, e que a utilização de diferentes técnicas de abordagem ou diálogo com este gênero não anule sua importância, não o torne mero enfeite, não o converta tão somente, em canal, em via facilitadora para outros fins alheios ao teor literário, que muitas vezes degeneram sua beleza transformando-o em instrumento enfadonho.

Estou me referindo às fichas de leitura, às provas e exercícios gramaticais com base em textos literários, às *prestações de contas* das leituras que sempre precisam ser avaliadas, e geralmente o são por meio de exercícios referenciais distantes de uma proposta que privilegie a formação da subjetividade (que muitas vezes precisa do silêncio para se realizar), ou uma postura mais crítica e reflexiva perante o texto e seu contexto. Além disso, estou me referindo também a comportamentos que trazem o livro literário para a sala de aula sem qualquer compromisso com um trabalho sistematizado: um simples entretenimento para quando as tarefas *sérias* acabam de ser realizadas; tão somente um passatempo (KRAMER, 2000).

Não pretendo defender a literatura como forma privilegiada de linguagem, nem como ícone absoluto das questões humanas e sociais relacionadas ao uso da língua. Todas as manifestações lingüísticas são importantes e por serem diferenciadas e múltiplas merecem, também, múltiplas e diferenciadas abordagens, dentro e fora da escola. Mas esta instituição, geralmente, acaba homogeneizando o múltiplo, igualando o diverso, e, assim, as *linguagens nossas de cada dia* se convertem em a linguagem de todos os dias, sempre igual.

Partindo dessas reflexões, o que é literatura? É possível defini-la? Essa, certamente, não é tarefa muito fácil, mas, num emaranhado de especificações, podemos afirmar que literatura é, acima de tudo, arte; pertence à esfera da estética. Isso, entretanto, não é o bastante esclarecedor. Arte, estética são termos polissêmicos, não se prestam a definições fechadas e conclusivas. Os conceitos nessa área ainda são muito fluidos, mas, mesmo assim, é possível identificar algumas características básicas. A estética, antes de ser apologia ao belo, às formas perfeitas, a um estado contemplativo-passivo de apreciação de uma obra de arte ou a um estado de pura inspiração para sua execução, antes de tudo isso, estética está associada aos sentidos, à percepção através dos sentidos. Estética tem sua origem em *estesia*, ou seja, sensação, sensibilidade, sentido. Em contraposição, temos a palavra *anestesia*, negação de *estesia*, em que os sentidos, as sensações e sensibilidades são bloqueados. Ora, os sentidos são uma forma imediata de aproximação e compreensão do mundo. Mas, nem por isso, impedem um posterior aprofundamento reflexivo, pensado e lógico sobre ele. O artista, o poeta, o escritor literário são aqueles que sentem, aqueles que penetram na realidade e desenvolvem seus conhecimentos não apenas pela via da razão e da lógica, mas, também, da sensibilidade, da emoção, da intuição... tão importantes quanto a razão. São formas outras de se apropriar do mundo e do conhecimento. A arte é também uma forma de compreensão da realidade[1].

De uma forma geral, podemos dizer que o artista é aquele que compreende também através dos sentidos. Trabalha, pensa, transpira, elabora tecnicamente a criação, mas, em primeiro lugar, sente. E isso não é ocupar um patamar inferior, menor. Talvez o seja para concepções utilitárias e tarefeiras que passaram a dominar diversas esferas da vida contemporânea, inclusive a escola. Sentir é fundamental e talvez um dos grandes males que atinjam as pessoas atualmente, seja a incapacidade de sentir, de se emocionar, de se incomodar, de levar a sério a dor do outro, de não se conformar com fatos que nos são impostos como se fossem inexoráveis. A arte, então, muito mais que uma atitude contemplativa, provoca uma fruição estética em que não só o belo e o prazer tranqüilo e sereno têm lugar, mas, também, o incômodo e o desconforto oriundos de uma experiência impactante, engendrando processos internos extremamente salutares e catárticos, que possibilitam a elaboração e reelaboração do sujeito, de sua subjetividade e da realidade em que se encontra.

Outro aspecto muito importante a ressaltar é a qualidade polifônica da arte. Existem numa obra muitas outras obras que deixaram suas marcas na grande temporalidade. O artista busca nelas a matéria-prima para o seu trabalho. Da mesma

---

[1] Reflexões feitas a partir dos estudos realizados no grupo de pesquisa sobre estética, sob orientação do professor Leandro Konder, na Pontifícia Universidade Católica do Rio de Janeiro, no 1º semestre de 2002, tendo como referência a leitura da obra de Lukacs: *Estética – Cuestiones previas y de princípio*.

forma, habitam um texto literário muitas outras vozes que ajudam a constituir a voz do poeta, do narrador. Mikhail Bakhtin defende que o discurso verbal é polifônico por natureza, que não existe a *minha palavra original*, mas sim a *palavra-nossa*, que num processo constante de apropriação se torna *palavra nossa-minha*, palavra, essa, que traz as marcas de tantas outras vozes. Bakhtin define essa qualidade como constituidora do discurso, mas, principalmente e, sobretudo, do discurso literário. Nenhum outro gênero textual apresenta esse aspecto polifônico e dialógico tão marcante em sua constituição quanto o discurso literário (BAKTHIN, 2000).

Essa abrangência polifônica e dialógica da literatura permite que suas formas de apropriação conduzam a uma maior aproximação do outro (leitor, ouvinte, interlocutor...), esse outro que está fora *de mim*, que não *sou eu*, mas que tem papel fundamental na formação daquilo que *eu sou*. Esse outro não representa apenas um sujeito materializado com quem se possa interagir no cotidiano, mas, também, vários outros que se manifestaram e deixaram suas marcas ao longo do tempo. Interagir com esse outro significa se acercar e refletir sobre suas idéias, seus valores, seu pensamento, a ideologia dominante em sua época, seus fazeres, suas formas de atuação. A literatura, justamente por sua dimensão estético-polifônico-dialógica, permite esse mergulho no *outro* paralelamente ao mergulho no próprio *eu*.

Trabalhar com a literatura na escola, mais do que transmitir conteúdos, usar um texto como pretexto ou *descansar* das atividades *sérias*, é explorar inúmeras possibilidades de compreender a realidade e de produzir conhecimento através da arte da linguagem, dialógica por natureza. A arte, o conhecimento que se dá por seu intermédio, só tem valor se leva o *outro* em consideração. Ainda que essa arte seja manifestação do *eu* e para ele esteja voltado, o *outro* é um elemento intrínseco indispensável nessa manifestação.

Um pouco acima, guiados pelo significado da palavra estética, identificamos o artista como aquele que se apropria do mundo e do conhecimento não apenas pela via da razão lógica, mas, também, por intermédio da sensação, do imaginário e da ficção. A manifestação estética, para se realizar como tal, precisa provocar no interlocutor um comportamento semelhante: impactado por uma experiência imediata, esse interlocutor se deixa impregnar por sensações que extrapolam a vivência racional, entretanto, essa experiência imediata não impede a realização de posteriores mediações na interação artística em que a obra de arte será analisada por outras vias de pensamento sem, contudo, negar sua imediatez originária.

A literatura, como qualquer obra de arte, oferece a possibilidade, dentro de uma relação dialógica, de cultivar espaços constantes de recriação e reformulação interior a partir do confronto autor-obra-interlocutor. Partindo desse estado de recriação interior, de reformulação da subjetividade, que se dá sempre na interação *eu-outro*, é possível transpor as formas de ação imediatas e buscar níveis mais profundos e consistentes de atuação na coletividade.

Soares (1999) traz alguns elementos imprescindíveis na leitura do texto literário para que ele possa, de fato, engendrar um processo criativo, com as implicações que lhe são inerentes:

> Os objetivos de leitura e estudo de um texto literário são específicos a este tipo de texto, devem privilegiar aqueles conhecimentos, habilidades e atitudes necessárias à formação de um bom leitor de literatura: análise do gênero do texto, dos recursos de expressão e de recriação da realidade, das figuras autor-narrador, personagem, ponto-de-vista (no caso da narrativa), a interpretação de analogias, comparações, metáforas, identificação de recursos estilísticos, poéticos, enfim, o estudo daquilo que é textual e que é literário. (p. 43)

Se Magda Soares expõe os elementos que devem ser privilegiados na abordagem de textos literários como forma de realmente situá-los na esfera da literatura, Walty

(1999) amplia essa reflexão, trazendo como enfoque as possibilidades criativas, de produção de sentido, de reformulação do sujeito e de sua realidade:

> Mas, felizmente, se o que caracteriza o texto dado como literário é justamente sua polissemia, suas lacunas a serem preenchidas pelo leitor, mesmo quando se tenta guiar esse leitor em seu ato de leitura, sentidos se formam que escapam ao controle do mediador da leitura. A leitura é uma das produções sociais onde o imaginário tem espaço de circulação garantido. E é lá que, ao lado das regras, encontra-se a possibilidade de transgressão rumo à utopia. [...] Nesse sentido, a literatura mantém o estatuto da oralidade, quando preserva a possibilidade de interação, de dinamicidade. (p. 52)

A literatura, mais que qualquer outro gênero textual, exige um trabalho criativo com a linguagem e a prática da expressão livre. Nela, a língua se afasta de uma concepção instrumental, transmissora de conteúdos, para assumir plenamente seu estatuto de produção de conhecimento; ultrapassa a condição de mero sistema convencional de formas sonoras e abstratas como, também, de reflexo unicamente dos pensamentos individuais. A língua, por natureza, é viva, dinâmica, polissêmica; mais que veículo passivo de informação, ela deve manifestar sua essência crítica e transgressora. A literatura é palco ideal para essa manifestação, sua condição artística permite que todo potencial expressivo, imaginário e fictício seja explorado, possibilitando formas outras de experiências na e com a realidade.

Fischer (1981) realiza um estudo marxista sobre a arte, trazendo pontos que, de certa forma, vão ao encontro do pensamento de Benjamin e Bakthin. No capítulo inicial de sua obra, o autor lança algumas questões que são muito freqüentes entre aqueles que refletem sobre o papel da arte na sociedade:

> Por que distrai e relaxa o mergulhar nos problemas e na vida dos outros, o identificar-se com uma pintura ou música, identificar-se com os tipos de um romance, duma peça ou de um

filme? Por que reagimos em face dessas "irrealidades" como se elas fossem a realidade intensificada? [...] Por que esse desejo de completar a nossa vida incompleta através de outras figuras e outras formas? (FISCHER, 1981, p. 12)

Um pouco mais adiante, o texto associa essa constante busca do sujeito na arte com a busca da própria plenitude. A arte, em qualquer de suas manifestações (e a literatura não se afasta desse propósito), propicia ao homem uma certa transcendência como forma de alcançar significação para si e seu mundo. Essa transcendência é capaz de levar ao encontro da totalidade, à superação de uma vida fragmentária e centrada numa individualidade alienada de si e do outro. Nesse percurso, "o homem anseia por unir na arte o seu EU limitado com uma existência humana coletiva e por tornar social a sua individualidade" (FISCHER, 1981, p. 13).

Nos seus primórdios, nas sociedades primitivas tribais, a arte estava associada à magia, e o feiticeiro era um representante da coletividade a qual pertencia. Acreditava-se que a representação e imitação (desenhos rupestres, rituais, danças) acarretavam maior poder sobre o imitado, mas não um poder centrado na individualidade de quem imitava e sim para a comunidade como um todo. Nessas sociedades, voltadas para o grupo, se o poder mágico do feiticeiro fracassasse continuamente em atender às expectativas da comunidade, aquele corria risco de morte.

Com o capitalismo e a consolidação mais acirrada de uma sociedade de classes, diferenciada e individualizada, a arte deixa de assumir um caráter mágico e se preocupa em iluminar as novas relações sociais, tenta fazer um resgate da condição alteritária do sujeito, reintegrá-lo a um sentimento de grupo em que sua subjetividade não se descola do coletivo. Trabalhando com a formação da consciência, da intrasubjetividade, a arte, por seu turno, não deixa de prescindir das relações intersubjetivas; o sujeito é levado a romper o vínculo com a alienação de si mesmo, da natureza e da realidade.

A arte, então, pode ser vista, na sociedade capitalista como um meio para transcender uma realidade mesquinha, que isola as individualidades numa relação alienante. Ao evocar a transcendência dessa realidade, está, ao mesmo tempo, evocando a sua transformação, a possibilidade de plasmá-la segundo novos ideais. Nesse movimento, não está presente apenas a consciência aguçada do artista, mas sim uma corrente de consciências e vozes que se presentificam com base numa tradição buscando, paralelamente, uma orientação futura. Ao transcender a realidade, plasmando-a numa outra direção, se está corporificando uma cadeia de ações e pensamentos composta por elos desde há muito presentes e se está também buscando uma forma de vida possível, total, íntegra e significativa. Nisso consiste também o papel e a necessidade da arte.

Referências

BAKHTIN, Mikhail. *Marxismo e Filosofia da Linguagem: problemas fundamentais de método sociológico na ciência da linguagem*. São Paulo: HUCITEC, 1988.

_____. *Questões de Literatura e Estética*. São Paulo: Hucitec, 1998.

_____. *Estética da Criação Verbal*. São Paulo: Martins Fontes, 2000.

BENJAMIN, Walter. *Obras Escolhidas I. Magia e Técnica, Arte e Política*. São Paulo: Brasiliense, 1994.

FISCHER, Ernst. *A Necessidade da Arte*. Rio de Janeiro: Zahar Editores, 1981.

KRAMER, Sônia. *Por Entre as Pedras: arma e sonho na escola*. São Paulo: Ática, 1993.

LUCKÁCS, Georg. *Estética:la peculiaridad de lo estético-cuestiones preliminares y de principio*. Barcelona-México: Ediciones Grijalbo S.A., 1966.

ROUANET, Sérgio Paulo. Do trauma à atrofia da experiência. In:_____ *Édipo e o Anjo: itinerários freudianos em Walter Benjamin*. Rio de Janeiro: Tempo Brasileiro, 1990.

SOARES, Magda. A Escolarização da Literatura Infantil e Juvenil. In EVANGELISTA, Aracy et al. *Escolarização da Leitura Literária*: o jogo do livro infantil e juvenil. Belo Horizonte: Autêntica, 1999.

WALTY, Ivete Lara Camargo. Literatura e Escola: anti-lição. In: EVANGELISTA, Aracy et al. *Escolarização da Leitura Literária*: o jogo do livro infantil e juvenil. Belo Horizonte: Autêntica, 1999.

SINTOMAS E SINTONIAS DA POÉTICA DA SIMULTANEIDADE: UMA INTRODUÇÃO

Rubens Vaz Cavalcanti

A *poética da simultaneidade* surge afinada à condição pósmoderna das sociedades contemporâneas que impõe à poesia uma situação, em um único e mesmo gesto, privilegiada e conflituosa. Embora correndo o risco de destituí-la da clandestinidade e da resistência que lhe são marcas, a estética da civilização da imagem – a qual vivemos – elegeu a linguagem poética como uma das expressões artístico-culturais que otimizam as relações socioeconômicas globalizadas. Graças aos suportes verbal, vocal e visual, cada vez mais interagindo com o discurso publicitário da mídia, a poesia é parte do cenário cotidiano dos centros urbanos. A invenção e a sedução promovidas pelo som, sentido e plasticidade da poesia, incitam ao prazer e à fruição hipertextual: excitam-nos a encenar o espetáculo virtual da produção e do consumo. A fragmentação do discurso poético, mesmo parecendo esquizofrênica, ensina-nos a lidar com a rapidez e variedade das informações que nos freqüentam. A poética de nosso tempo procura trabalhar as diferentes modalidades de linguagem e entra na vida das pessoas de forma lírica, utilitária e interativa.

No instante em que o tempo pula o muro do século, e os teóricos e críticos de arte discutem a existência de um Modernismo perene ou de um Pós-modernismo, a poesia, de mãos dadas com a publicidade, desvela a cena urbana e reinventa os velhos suportes da palavra, trazendo hipóteses à tona. A poesia agora é parte do espetáculo, e a palavra, assim como a própria vida, é simulacro. Pastiche rima com fetiche. O lírico, agenciado pelo verbal, pelo vocal e pelo visual, recompõe-se no *outdoor* da multinacional, no CD do *megapopstar* ou na vinheta de um programa de TV. O "eu" do eu-lírico, assim como o conceito de autoria, perdeu-se no anonimato das máscaras estilísticas.

Diante de estado tão complexo, tão diverso, tão simultâneo, uma curiosidade instigante faz-nos querer entender melhor a escritura poética do nosso tempo. O acontecimento decisivo para a escolha do objeto desta escritura – *Arnaldo Antunes: a poética da simultaneidade* – deu-se a partir de uma fala do próprio autor em entrevista concedida à revista CULT, na qual ele argumentava: "Gosto de trabalhar nesse interstício entre as linguagens, da inclusão das várias manifestações que foram me formando" (1997, p. 9). O "interstício entre as linguagens" foi a grande pista para a construção do conceito e o afunilamento temático. Outra curiosidade se somou com a primeira: entender o estranhamento experimentado diante da emergência do hipertexto, no sentido dado por Pierre Lévy – "virtualização do texto e virtualização da leitura" (2001, p. 41), advento das mídias informatizadas, registrado nas comunicações e nas artes a partir da segunda metade do século XX –, que possibilita a leitura, a audição e a visão, a um só tempo, das criações do presente.

Os instrumentos analítico-interpretativos e seus limites

Arnaldo Antunes: a poética da simultaneidade surgiu também da insatisfação com os resultados obtidos na abordagem da poesia contemporânea – verbal, vocal e visual – usando os instrumentos da teoria e da crítica literárias, tradicionais ou vanguardistas, legitimados pela academia. O metro, a rima, o tema, o assunto, o conteúdo, a forma, o fundo, embora possam ser operacionalizados, soam insuficientes, na maioria das vezes, à aproximação exigida pela poesia atual. Essa insatisfação gerou a reflexão sobre uma forma de abordagem aos textos que buscasse compreender as relações (i) do poeta com as tendências estéticas do mercado editorial (sob a égide do hipertexto) e com as poéticas onipresentes das vanguardas históricas e tardias (ocorridas no início e nos meados do século XX); (ii) do leitor com a produção da poesia otimizada pelos multimeios e pelas variantes de suportes de comunicação e expressão existentes; e (iii) do crítico com os atuais modelos de análise e interpretação que dialogam com essa produção. A reflexão sobre as práticas analítico-interpretativas que optam pela generalização, no momento em que se constatou a incompletude das teorias canonizadas, oportunizou a pergunta: precisa-se realmente dos sistemas e dos métodos totalizantes para interagir com a poética do nosso tempo, ou a realização da interpretação se dá no instante mágico em que o leitor aborda uma obra e dessa abordagem surgem os sentidos que a alteridade e a arte legitimam?

A idéia é trabalhar uma aproximação a textos de criação poética sem os maneirismos tautológicos das poéticas tradicionais, realizando-a, sem ser simplista ou rasa, por meio de uma leitura que atualize conceitos e terminologias, elegendo-se a abordagem sensível e diversificada exigida pelos novos tempos. A essa forma de abordagem, mediante as evidências recorrentes na obra criticada, chamou-se de *poética da simultaneidade*. O método proposto é descritivo, analítico e interpretativo – leitura crítica da obra e a construção de um conceito –, numa visada que tem a ver com o conceito de *bricolage* de Claude Lévi-Strauss (1989), no instante que trabalha qualquer instrumento – intelectual ou sensorial – que possa promover e, até mesmo, facilitar o contato do homem com o conhecimento: instrução ou cultura. Valorizou-se o que se tinha à mão – instrumentos racionais e subjetivos – com o rigor e a sensibilidade permitida pela fragmentação do pensamento contemporâneo. A escritura que atende à sintaxe multíplice de seu tempo é digna de uma visada, tanto quanto possível caleidoscópica: olhar atento e sensato que flagra a estética fractal em que a *poética da simultaneidade* se legitima. É necessário perscrutar a fragmentação dos sentidos na criação do presente, com uma abordagem tão epifânica quanto técnica. Uma abordagem que dialogue de igual para igual com o esfacelamento do sujeito no discurso poético, registrado pela estética contemporânea, e que adote um comportamento metodológico também fragmentado e bricolado.

Muito já se falou de poética e de simultaneidade, entretanto nunca esses dois vocábulos se juntaram para significar um conceito. O que se propõe é essa junção, como uma lente que *a priori* surgiu e estará focada, em *close-up*, na criação de Antunes. A idéia, porém, é que *a posteriori* se abra em *grande angular* sobre a poesia que habita e habilita o nosso tempo. O conceito poderá contribuir no diálogo entre o leitor e a obra historicamente instalados no presente, na medida em que registra o entrecruzamento das modalidades de linguagem nas quais o autor se expressa, relacionando-as com a natureza simultânea, fragmentária e urgente do século XXI.

Do meio do concerto dialógico de vozes modernas e pós-modernas, dos credos das vanguardas construtivistas ou iconoclastas, partiu-se em busca da corroboração e da consolidação do conceito. Na tradição literária, a poética é a arte e a ciência da poesia, no entanto, é crível no meio crítico-teórico o fato de as estéticas, traços marcantes dos diferentes períodos da arte, terem sido, na contemporaneidade, substituídas pelas poéticas, mais afeitas ao caráter conceitual da criação atual. Poética, portanto, é o equivalente à estética, estilo, conceito estabelecido pelo artista do presente na produção de sua arte.

O conceito de *poética da simultaneidade*, dessa forma, tem caminhado para a efetivação de um instrumento de abordagem que dê conta de proporcionar um diálogo crítico e criador entre o leitor e a produção poética do nosso tempo. O *corpus* é a obra de Arnaldo por ser esteticamente significativa e sintonizada com o mundo de agora – "Os artistas são as antenas da raça", diria Pound (1997, p. 17) – além de ilustrar muito bem os conceitos que serão desenvolvidos.

A simultaneidade como objeto de desejo da literatura

A simultaneidade sempre se caracterizou como um modelo expressivo ideal ao discurso literário, sendo meta e objeto de desejo de poetas e prosadores em diferentes períodos da história da literatura. O momento em que o discurso mais se aproximou de um paradigma simultâneo aconteceu durante as experiências modernistas do começo do século passado, orquestradas pelas vanguardas européias, nas quais foram propostas novas atitudes estéticas para a poesia e a prosa. Os cubistas, a exemplo dos vários "istas", legitimaram um estágio raro de ilogismo, simultaneidade, instantaneísmo e humor, influenciando, sobremaneira, as tendências literárias posteriores: modernas ou pós-modernas. Octavio Paz dá-nos, de forma sintética, notícias de um movimento surgido em Paris (1911) com o nome de *dramatisme* e que mais tarde passou a chamar-se *simultanéisme*:

> Em resumo, na segunda década do século XX, surgiu na pintura, na poesia e no romance uma arte feita de conjunções temporais e espaciais que tende a dissolver e a justapor as divisões do antes e do depois, do anterior e do posterior, do interno e do externo. Esta arte teve muitos nomes. O melhor, o mais descritivo: simultaneísmo. (1993, p. 48-49)

No Brasil, de acordo com Haroldo de Campos (*apud* Andrade, 2001), o escritor Oswald de Andrade consolidou parte do sonho modernista ao realizar uma prosa que simulava fragmentos de seqüências cinematográficas em *Memórias sentimentais de João Miramar*. Em *A escrava que não era Isaura* (1972), Mário de Andrade teorizou sobre a simultaneidade, denominando-a "polifonia poética". Os concretistas (Campos, Campos e Pignatari, 1987), nas décadas de 50 e 60, levaram a cabo a experiência do texto *verbivocovisual:* conceito desenvolvido por James Joyce que aponta para a simultaneidade do discurso. A teoria ideogrâmica de Ernest Francisco Fenollosa, via Ezra Pound, foi revisitada pelos concretistas na busca da tal simultaneidade sígnica. Na citada busca, os métodos das "subdivisões prismáticas da idéia", de Stéphane Mallarmé e o da "pulverização fonética", de e. e. cummings, também foram revistos pelos concretistas.

É, entretanto, a voz multimediática e intersemiótica da pós-modernidade que, por meio de uma sintaxe diversificada e complexa, área de atuação de autores tão díspares quanto inclassificáveis, parece realizar a fantasia da simultaneidade verbal, vocal e visual, transcendendo os limites bidimensionais das páginas do livro tradicional. Dentre os autores da tribo pop-porânea desta virada de século, a obra de Antunes é uma das que melhor exemplifica o conceito de *poética da simultaneidade*.

O *corpus* da aplicação do conceito e as profecias literárias

Os livros *Psia* (1991), *As coisas* (1993a), *Nome* (1993b), *Tudos* (1993c) e *2 ou + corpos no mesmo espaço* (1997); o CD *Nome* (1993) e o vídeo *Nome* (1993), ao mesmo tempo em que representam a assunção das *profecias* à literatura pós-industrial, feitas por autores como Walter Benjamin (1995), Octavio Paz (1993) e Italo Calvino (1994), correspondem aos anseios imediatistas da geração da imagem: *a pop generation* ou *a sociedade de consumo*. Em 1926, no alto modernismo, Benjamin anunciava para o futuro uma *escrita-imagem*, na qual os poetas seriam, como nos velhos tempos, antes de tudo *calígrafos* (1995, p. 28). Em 1985, nas suas *Seis propostas para o próximo milênio*, Calvino previa a *leveza*, a *rapidez*, a *exatidão*, a *visibilidade* e a *multiplicidade* como as qualidades fundamentais à escritura do século XXI e dizia que "o sinal talvez de que o milênio esteja para findar-se é a freqüência com que nos interrogamos sobre o destino da literatura e do livro na era tecnológica dita pós-industrial" (1994, p. 11). Por sua vez, em 1990, Paz foi contundente ao argumentar que o poema do devir seria *ouvido e lido, visto e escutado*, e que "sobre a página animada da tela, a tipografia será um fornecedor de signos, traços e imagens dotadas de cor e movimento; por sua vez, as vozes desenharão uma geometria de ecos e reflexos, um tecido de ar, sons e sentidos enlaçados" (1993, p. 132). Os modernos, como se pode verificar, previram o que iria acontecer na escritura do homem do terceiro milênio. Essa constatação, ao invés de dar por encerrado o assunto, abre um leque múltiplo de questionamentos sobre o fazer literário em tempos de revolução informatizada. Os livros, CD e vídeo do autor escolhido, além de realizarem as previsões elencadas, são as concretizações da *poética da simultaneidade* no discurso artístico, vislumbrada a partir das reflexões surgidas e sugeridas nas limitações constatadas ao aplicarmos os canônicos sistemas de analisar e interpretar poesia na explicitação da criação lírica do presente.

Esta poética é composta, como não poderia deixar de ser, em função de sua natureza concomitante, por modalidades diferentes de simultaneísmos: de suportes, de traços de leitura, de traços de escritura, de formas e conteúdos, as quais serão desenvolvidas e aplicadas, uma a uma, em quatro capítulos. Esta terminologia foi criada em razão das acontecências recorrentes e verificáveis na obra do Arnaldo Antunes e também para aprofundar, delimitando, o olhar perscrutador.

Cada uma das modalidades é resultado de leituras e releituras cuidadosas da obra, aprendendo as lógicas e não-lógicas da criação e da técnica na poesia que aporta ao terceiro milênio. Os modos de simultaneidade ocorrem de forma isolada ou conjunta, justapondo no mesmo poema procedimentos estéticos, técnicos e estilísticos diferentes. Tais comportamentos não enfraquecem o conceito, mas, ao contrário, fortalecem-no, à medida que reforçam a natureza simultânea das formas de expressar a arte dos autores atuais. Nessa direção, os vocábulos "justaposição", "superposição" e "sobreposição", constantes nesta escritura, comparecem significando "simultaneidade" e/ou "concomitância".

Os vários modos da simultaneidade

A *simultaneidade de suportes* é, provavelmente, o procedimento mais visível na obra de Arnaldo Antunes. Podemos citar como exemplo o kit multimídia *Nome* (1993), composto de um livro, um CD e um vídeo, em que objetos distintos veiculam a idéia *Nome*, na forma verbal, vocal e visual, sem caírem na mera repetição do tema: o diálogo dá-se no *interstício* das modalidades de linguagem. O livro *2 ou + corpos no mesmo espaço* (1997), acompanhado de um CD, também ilustra o conceito de obra multimídia.

A *simultaneidade de traços de leitura* realiza-se na confluência das influências perceptíveis na obra do citado poeta. Algumas são visíveis ao leitor comum, outras esperam do leitor uma cultura literária mais afinada com as vanguardas artísticas. A mais visível, funcionando como bordão para a urgência da crítica do presente – em parte acostumada a ficar estagnada na superfície do óbvio –, é a influência da poesia concreta. Por outro lado, estudos efetuados por pesquisadores em diferentes universidades do país, tendo como objeto a obra em questão, apontam para possibilidades de abordagem mais abrangentes. São os casos, por exemplo, das aproximações dialógicas de Adriane Rodrigues de Oliveira (2001), que analisa "movimento e circularidade na poesia de Arnaldo Antunes", Júlio França, que investiga "na obra cancionista de Arnaldo o uso da palavra vocalizada como materialização de um som" (1996, p. 63) e de Antônio Fábio Mernelli (1998), que estuda o comportamento hipertextual da poesia do autor e discute questões relativas à produção poética e à tecnologia. Embora a crítica continue a abordar Antunes como porta-voz e epígono do laboratório *verbivocovisual* formalista dos concretos, estudos como esses dão conta de um verdadeiro concerto de vozes tonitroando na sua trova: Stéphane Mallarmé, Ezra Pound, e. e. cummings, Francis Ponge, Oswald Andrade, Edgar Braga, Torquato Neto, Waly Salomão, entre muitos, compõem o concerto só escutado mediante uma audição mais cuidadosa.

A *simultaneidade de traços de escritura*, resultante de traços de leitura, em princípio é entendida somente como o procedimento em que dois ou mais vocábulos ocupam o mesmo espaço sintático e gráfico. O conceito estende-se também às várias faces estilísticas (estilemas) que se desenham no corpo dos poemas de Antunes. Essas faces, mais que máscaras, são identidades plasmadas na composição do artista contemporâneo, desprendido de conceitos superados como autoria e estilo pessoal: a cada obra, novas faces se sobrepõem às antigas, sem culpas. Algumas das antigas resistem. A soma dessas diferenças estilísticas soa inter e intratextualizada na escritura de Arnaldo.

A *simultaneidade de formas e conteúdos* realiza-se no entrecruzamento de gêneros e subgêneros na escritura do multiartista. Lírico, narrativo e, às vezes, dramático, o poeta desfila um repertório multíplice: prosa poética, poesia em prosa, visual, verbal, vocal, entre outros, elegendo conteúdos que distam entre a natureza objetiva/subjetiva dos seres e a reflexão física/metafísica sobre *as coisas*. O criador tem a seu favor os "deslimites" da estética que lhe permitem ousar invenções e experiências que privilegiam a atualização da memória e da comunicação poética no discurso artístico. As fronteiras sensíveis dos gêneros e das formas rompem-se em nome da concomitância recorrente na arte contemporânea.

Outras modalidades de simultaneidade poderiam ser acrescidas às expostas, como, por exemplo, a *simultaneidade de discursos*: filosóficos, poéticos, dicionarísticos (em forma de verbetes), genéticos e fabulares, como é o caso do discurso desenvolvido no livro *As coisas* (1993a). Contudo, essa modalidade apenas corroboraria as *simultaneidades de traços de escritura* e *de formas e conteúdos*, contribuindo mais para uma confusão terminológica do que para o esclarecimento conceitual dos procedimentos discursivos na escritura de Antunes. Ficam, pois, somente as quatro modalidades supracitadas, que serão aplicadas em diferentes poemas escolhidos para *corpus* desta construção de conceito.

Sintomas e sintonias

Tomando como base o percurso feito na tentativa de construção do conceito de *poética da simultaneidade,* corroborado pela herança dos poetas inventores da modernidade e da pós-modernidade (vanguardas européias, norte-americanas e brasileiras), é possível estabelecer um perfil, ainda que indefinido, da poesia multifacetária do limiar dos séculos. A poesia aposta na interatividade com o leitor, lançando mão de todos os suportes discursivos disponíveis. A simultaneidade expressiva contemporânea é a resultante da releitura e da atualização dos leitos abertos pelas enxurradas experimentais do século XX; enchente de invenção que deliciou e continuará deliciando os *designers* da linguagem.

No entanto, esse perfil da poesia em época de *revolução* informatizada está sempre em mutação. A substituição da magia pela técnica acelerou o processo de simulacro nas formas de expressão da arte. O criador que queira manter atualizada a sintaxe da sua tribo precisa acompanhar a velocidade da evolução dos instrumentos de comunicação e acessar a magia virtual da linguagem possibilitada pelos avanços técnico-científicos que freqüentam os nossos dias. O leitor acompanha, entre incrédulo e tiete, o malabarismo do poeta na busca de uma sintonia fina com a escritura de seu tempo, a qual se define pela natureza hipertextual. O crítico apenas repete o bordão de que a crítica está em crise, impossibilitada de explicitar as obras do agora, seja por insuficiência dos métodos ou pela insipiência das produções (Tadié, 1992). O poeta, enquanto artífice da palavra e disseminador de sentido, adequou sua poesia aos novos anseios da civilização da imagem. Não existe resistência nem ruptura com o multimeio: o criador tem consciência da inevitabilidade da linguagem cibernética, aceita-a como instrumento de otimização na expressão de sua arte. O fazer artístico é sua resistência, e a morte das vanguardas, sua ruptura. Ou como escreveu Octavio Paz:

> A arte e a literatura deste fim de século perderam paulatinamente seus poderes de negação; há muito tempo suas negações são repetições rituais, fórmulas suas rebeldias, cerimônias suas transgressões. Não é o fim da arte: é o fim da *idéia* da arte moderna. Ou seja: o fim da estética fundada no culto à mudança e à ruptura. (1993, p. 53)

Não existe mais *mudança* ou *ruptura?* A criação poética contemporânea é uma diluição das vanguardas modernistas? A escrita artística do presente é uma releitura da escrita do passado agenciada pelas novas tecnologias de comunicação e expressão? Ou é tudo isso simultaneamente? São perguntas recorrentes e que, para respondê-las, precisamos refletir muito mais sobre a literatura e o tempo em que vivemos, afinando nossas sensibilidades e técnicas de leitura, lendo-os e sendo lidos por eles. É o desafio.

Referências

ANDRADE. Mario de. *Obra imatura*. 2. ed. São Paulo: Martins; Brasília: INL, 1972.

ANDRADE, Oswald de. *Memórias sentimentais de João Miramar*. 13. ed. São Paulo: Globo, 2001.

ANTUNES, Arnaldo. *PSIA*. 3. ed. São Paulo: Iluminuras, 1991.

_____ *as coisas*. 2. ed. São Paulo: Iluminuras, 1993.

_____ *Tudos*. 3. ed. São Paulo: Iluminuras, 1991.

_____ *dois ou + corpos no mesmo espaço*. São Paulo: Perspectiva, 1997.

BENJAMIN, Walter. *Rua de mão única*. Obras Escolhidas II. Trad. J. C. M. Barbosa e H. A. Baptista. 5. ed. São Paulo: Brasiliense, 1995.

CALVINO, Ítalo. *Seis propostas para o próximo milênio*. Trad. I. Barroso. 2. ed. São Paulo: Companhia das Letras, 1994.

CAMPOS, A., CAMPOS, H., PIGNATARI, D. *Teoria da Poesia Concreta. Textos Críticos e manifestos: 1950-1960*. 3. ed. São Paulo: Brasiliense, 1987.

CAMPOS, Haroldo de. (Org.) *Ideograma. Lógica, poesia, linguagem*. 3. ed. São Paulo: Edusp, 1994.

KAPLAN, E. Ann. (Org.) *O mal-estar no pós Modernismo*. Trad. V. Ribeiro. Rio de Janeiro: Jorge Zahar Ed., 1993.

LÉVI-STRAUSS, Claude. *O pensamento selvagem*. Trad. T. Pelegrini. Campinas: Papirus, 1989.

LÉVY, Pierre. *As tecnologias da inteligência: o futuro do pensamento na era da informática*. Trad. C. I. Da Costa. 9. ed. Rio de Janeiro: Ed. 34, 2000.

PAZ, Octavio. *A outra voz*. Trad. W. Dupont. São Paulo: Siciliano, 1993.

POUND, Ezra. *Abc da Literatura*. Trad. A. Campos e J. P. Paes. 12. ed. São Paulo: Cultrix, 1997.

TADIÉ, Jean-Yves. *A Crítica literária no século XX*. São Paulo: Bertrand Brasil, 1992.

Publicações em periódicos

Cult Revista brasileira de literatura. Rev. n. 4, São Paulo: Lemos Editora, 1997. (mensal).

FRANÇA, Júlio. Arnaldo Antunes: nem nomes nem coisas. *Rev. Gragoatá*, EdUFF (Niterói), v. 1, p. 61-78, 1999.

MERNELLI, Antônio Fábio. Arnaldo Antunes: os nomes do homem. Contexto: *Revista do Departamento de Línguas e Letras*, v. 5, p. 217-228, 1998.

OLIVEIRA, Adriane Rodrigues. "Acordo": Movimento e circularidade na poesia de Arnaldo Antunes. In: *Poesia e Contemporaneidade: Leituras do Presente*, Argos (Chapecó), p. 187-202, 2001.

Discografia e videografia

ANTUNES, Arnaldo. *Nome*. BMG 7432116536-2. São Paulo, 1993 (CD).

_____*Nome*. BMG 7432116641-3. São Paulo, 1993 (VHS).

_____*Ninguém*. BMG 7432126593-2. São Paulo, 1994-5 (CD).

_____*O silêncio*. BMG 7432139014-2. São Paulo, 1996 (CD).

_____*Um som*. BMG 7432161012-2. São Paulo, 1998 (CD).

_____*Paradeiro*. BMG 7432187426-2. São Paulo, 2001 (CD).

OS AUTORES

Aparecida Paiva
Doutora em Literatura Comparada, professora da Faculdade de Educação da UFMG, Pesquisadora do GPELL/CEALE-FaE/UFMG.
cida@fae.ufmg.br

Aracy Alves Martins
Doutora em Educação, professora da Faculdade de Educação da UFMG. Pesquisadora do GPELL/CEALE/FaE/UFMG.
aracy.martins@terra.com.br

Carmem Lúcia Eiterer
Doutora em Educação, professora da Faculdade de Educação da UFMG, coordenadora do PROMAD - Laboratório de Produção de Material Didático/FaE/UFMG, integrante do GPELL/CEALE/FAe/UFMG.
eiterer@terra.com.br

Cristine Lima Zancani
Mestre em Letras – PUCRS. Pesquisadora do CLIC (Centro de Literatura Interativa da Comunidade).
cristinezancani@yahoo.com

Cyana Leahy
Doutora em Letras e em Ciência da Arte pela UFF, professora dos Programas de Mestrado da UFF. Editora, tradutora e escritora de poesia, ficção e ensaios.
cyana@cyanaleahy.com

Diógenes Buenos Aires de Carvalho
Mestre e Doutorando em Letras – PUCRS. Professor do Centro de Estudos Superiores de Caxias da Universidade Estadual do Maranhão. Pesquisador do CLIC.
dbuenosaires@uol.com.br

Georgia Roberta de Oliveira Ribeiro

Graduanda em Letras (Português/Espanhol) no Centro Universitário de Belo Horizonte.

georgiaroberta@pop.com.br

Glória Maria Anselmo de Souza

Mestre em Educação pela Universidade Federal Fluminense. Supervisora Educacional da Rede Municipal de Ensino de Niterói.

gloriaanselmo@ig.com.br

Graça Paulino

Doutora em Teoria Literária, professora da Faculdade de Educação da UFMG, pesquisadora do GPELL/CEALE-FaE/UFMG.

grpaulino@uaivip.com.br

Helder Pinheiro

Doutor em Literatura Brasileira, professor da Universidade Federal de Campina Grande. Pesquisador do grupo Teorias da Linguagem e Ensino.

helderpim@uol.com.br

Hércules Tolêdo Corrêa

Doutor em Educação pela Faculdade de Educação da UFMG. Professor do Centro Universitário de Belo Horizonte. Pesquisador do GPELL/CEALE/FaE/UFMG.

herculest@uol.com.br

Ivete Lara Camargos Walty

Doutora em Teoria Literária e Literatura Comparada, professora e coordenadora do Programa de Pós-graduação em Letras da PUC Minas. Pesquisadora do CIPEL (Centro Interdisciplinar de Pesquisas em Linguagem).

iwalty@pucminas.br

João Luís C. T. Ceccantini

Doutor em Literatura Brasileira, professor da FCL Assis – UNESP. Assistente Editorial da Editora UNESP. Pesquisador do grupo "Leitura e Literatura na Escola".

ceccantini@uol.com.br

Leda Marina Santos da Silva

Mestranda em Educação da Pontifícia Universidade Católica do Rio de Janeiro. Coordenadora do Programa de Formação de Professores Alfabetizadores (PROFA) da Rede Municipal de Ensino de Niterói.

Magda Becker Soares

Livre Docente, professora titular emérita da Faculdade de Educação da UFMG, pesquisadora fundadora do CEALE/FaE/UFMG.

mbecker.soares@terra.com.br

Maria da Glória Bordini

Doutora em Lingüística e Letras, professora da PUCRS. Coordenadora dos grupos: Acervos de Escritores Brasileiros; Centro de Memória Literária da PUCRS e o Acervo Literário de Erico Verissimo.

mgbordini@portoweb.com.br

Marlene Edite Pereira de Rezende

Membro da equipe coordenadora do Projeto Beagalê, da Biblioteca Pública Infantil e Juvenil de Belo Horizonte – BPIJBH, Secretaria Municipal de Cultura.

bpijbh@pbh.gov.br

Marta Passos Pinheiro

Doutoranda em Educação da Faculdade de Educação da UFMG. Pesquisadora do GPELL/CEALE/FaE/UFMG.

martapassos@ig.com.br

Patrícia da Silva Pacheco
Mestre em Educação, professora e coordenadora no Ensino Fundamental de primeira a quarta séries no Colégio Pedro II-RJ.
patpach@yahoo.com.br

Rubens Vaz Cavalcanti
Mestre em Teoria Literária e Literatura Brasileira. Professor da Universidade Federal de Rondônia - UNIR.
ohnib@unir.br

Vânia Laneuville Teixeira
Pedagoga da Fundação Municipal de Educação de Niterói.
vanville@nitnet.com.br

Vera Teixeira de Aguiar
Doutora em Letras, professora da Faculdade de Letras da PUCRS. Coordenadora do CLIC.
veaguiar@portoweb.com

Vera Wannmacher Pereira
Doutora de Lingüística Aplicada, professora da PUCRS. Pesquisadora do Centro de Referência para o Desenvolvimento da Linguagem - CELIN
verawp@terra.com.br

Zélia Versiani
Doutora em Educação, professora da Faculdade de Letras da PUC Minas, Pesquisadora do CIPEL/ProDoc/CAPES e do GPELL/CEALE/FaE/UFMG.
zeliav@uol.com.br

Qualquer livro do nosso catálogo não encontrado nas livrarias pode ser pedido por carta, fax, telefone ou pela Internet.

Rua Aimorés, 981, 8º andar – Funcionários
Belo Horizonte-MG – CEP 30140-071

Tel: (31) 3222 6819
Fax: (31) 3224 6087
Televendas (gratuito): 0800 2831322

vendas@autenticaeditora.com.br
www.autenticaeditora.com.br

Este livro foi composto com tipografia Gatineau, e impresso em papel Off Set 75 g. na Sermograf Artes Gráficas.
Belo Horizonte, janeiro de 2008.
